MOURIR, ULTIME TENDRESSE

 *PSYCHOLOGIE ET SCIENCES HUMAINES*

J. Chanceaulme

Mourir, ultime tendresse

PIERRE MARDAGA, EDITEUR
LIEGE - BRUXELLES

© Pierre Mardaga, éditeur
Rue Saint-Vincent 12 - 4020 Liège
Galerie des Princes 2-4 - 1000 Bruxelles
D. 1990-0024-32

Préface

C'est un beau livre que celui que j'ai le grand honneur de préfacer. Il offre l'avantage, tant il est vrai et limpide, hors de tout jargon, plein d'humanité — ce qui n'interdit pas la lucidité — de pouvoir être lu par une variété très large de personnes, spécialistes ou non de la thanatologie. Josselyne Chanceaulme, maître de conférences à l'Université de Bordeaux III où elle enseigne la communication et les relations humaines, sait bien de quoi elle parle. N'assure-t-elle pas, depuis dix ans, la formation aux relations humaines dans les hôpitaux, s'attachant tout spécialement aux soignants et aux médecins affrontés aux grands malades et aux mourants? une très grande culture, une ouverture exceptionnelle à l'autre, indiscutable capacité de réflexion et d'esprit critique, un souci constant de faire œuvre utile, telles sont les qualités majeures, pour peu qu'on manie bien la plume, qui permettent de réaliser une œuvre parfaitement réussie.

Trois moments fondamentaux articulent ce texte : l'hôpital, de quoi meurt-on, la formation ; titres qui révèlent le propos et son intention.

L'hôpital, sans aucun doute, devient le lieu privilégié de la mort, elle-même refusée, médicalisée, technicisée ; lieu aussi de préservation-exclusion à l'instar de la prison ou de l'asile pour tout ce qui menace. Même s'il est fait pour qu'on y guérisse. L'équipe hospitalière, malgré de solides moyens de défense, et à la mesure de son contact avec le malade ou le mourant, n'est pas épargnée par l'angoisse, la culpabilité, les «orages émotionnels». Parfois mal formée, souvent insuffisante en nombre, exploitée le cas échéant, par un patron lointain et hautain, par l'institution et les malades, l'équipe soignante devient l'équipe souffrante. L'auteur s'exprime fort bien quant aux phantasmes qui hantent le monde hospitalier. A plus forte raison si les chances de guérison sont à la mesure des risques de mort chaque fois qu'on a affaire à une technique hypersophistiquée. Les mécanismes de défense du corps médical sont bien connus : l'invocation de l'inévitable, de la fatalité «j'ai tout fait» ; le refuge dans l'acharnement et l'accumulation des traitements, la mise à distance temporelle. Lieu de l'asepsie biologique, l'hôpital est aussi celui de l'asepsie émotionnelle; au nom de la dignité, du repos et de la technique; le même phénomène se produira plus tard dans le refus du deuil car il ne convient pas qu'on exhibe sa douleur. Deux types de mort, peut-être, s'avèrent plus stressantes que les autres : celle de l'enfant (l'auteur nous confie des exemples émouvants au sujet de la lucidité, voire de la sérénité de l'enfant qui décède), celle qui survient en réanimation à la mesure même de sa brutalité et de son imprévisibilité; là encore s'expriment la toute-puissance et la grande faiblesse de l'appareillage technique, sa mission salvatrice et ses effets de déshumanisation. On ne peut qu'être bouleversé et inquiet à ce propos devant le cas d'Elsa rapporté par l'auteur qui passe peut être un peu trop rapidement sur le bipole mort cachée ou interdite (d'où l'acharnement thérapeutique, plus fréquent qu'on ne le croit singulièrement dans les CHU) et mort donnée quand la technique a montré sa vanité et qu'il n'y a plus rien à faire; c'est peut-être à ce moment que justement tout reste à faire pour accompagner et aider le mourant. Le pire, à propos de cette mort donnée ou décidée, est qu'elle expérimente «de manière sauvage une nouvelle forme de relation de l'homme à la mort, manière sauvage car elle ne s'inscrit dans aucune réflexion structurée alors qu'elle touche aux aspects les plus profonds des comportements sociaux et individuels». Cette première partie s'achève sur de fort belles pages décrivant la manière dont l'équipe protège le soignant — deux études de cas, «Bernadette et l'artisan» et «Christine et le vieil homme» disent bien plus de choses qu'un long discours. Le soignant peut s'investir ou non pour un malade, mais il ne manque jamais de rechercher la protection au sein du groupe et aussi de la donner : «c'est l'ampleur des risques qui déterminent la nécessité impérieuse de la réassurance».

La formation des soignants ne vise pas seulement à leur faciliter une meilleure compréhension de leurs pratiques professionnelles pour leur assurer un mieux-être et davantage éveiller leur conscience; elle doit aussi permettre «de découvrir une autre dimension de la maladie et de la mort» qui renvoie à l'être global du sujet souffrant. L'émouvant récit de Leila, la jeune femme asthmatique, souligne bien en effet le double sentiment d'impuissance et d'incompréhension qui affecte l'équipe soignante confrontée au mal, à la souffrance, au mourir. A propos de la mort accidentelle et de la mort intentionnelle, puis de la mort scénarique où le patient se réfère au mourir d'un être proche qui sera peut-être le sien et insistant sur l'indispensabilité de faire appel à l'approche psychosomatique ou au courant de la psychologie humaniste, l'auteur nous propose une hypothèse à double versant : le malade n'est pas toujours victime de la maladie; il peut devenir acteur de la guérison. Il obéit sans doute à un programme génétique, mais son mal est aussi une parole ou un cri et son vécu phantasmatique contribue à l'orientation de son destin. Toujours est-il qu'en touches fines et convaincantes, on nous décrit la situation du malade à l'hôpital : ses espoirs, ses craintes, son enfermement (l'exemple de la femme bourrée de métastases dont le mari ne veut plus et qui vient quand même mourir chez elle à Noël, nous afflige et en même temps nous émeut.) Un autre temps fort du livre concerne les expressions symboliques de la douleur, chacune d'elle devant susciter une réaction appropriée de la part de l'équipe; douleur-détresse qui est aussi souffrance et peur de la souffrance; douleur-plaisir soit alternative au plaisir, soit sanction inconsciente d'un plaisir illicite; douleur-chantage qui vise à accroître l'emprise du souffrant sur l'entourage. La douleur reste bien «le support de la relation du grand malade et de ses soignants», le moteur de leurs échanges et de leur relation, comme elle peut aussi, si elle est trop forte et non traitée, incomprise ou non dite, constituer un écran à la communication. Le surprenant exemple de Jacques le jeune sportif qui n'échappe à la douleur que lorsqu'il maîtrise de manière autonome la gestion de ses médicaments, s'avère riche de sens. Là encore se pose à l'équipe soignante une question fort différente et embarrassante : faut-il systématiquement éradiquer toute douleur au risque d'entamer la personnalité du malade et de hâter sa fin?

Puis, avec autant de bonheur, Josselyne Chanceaulme aborde le thème du travail du trépas si bien décrit par de M'Uzan avec ses phases d'exaltation libidinale et d'appétence relationnelle. L'intérêt de l'analyse vient sans doute de ce qu'elle se nourrit de figures concrètes, singulières et plus encore — cela me paraît tout à fait original — de ce qu'elle souligne un parallélisme étonnant avec l'attitude des soignants telle qu'elle apparaît lors de la formation. Eux aussi éprouvent les mêmes phantasmes, vivent les mêmes pulsions quand on les amène à jouer les situations dramatiques de l'hôpital. Cette décharge émotionnelle serait peut-être moins liée à la phase terminale d'une vie qu'à une prise de conscience de son caractère mortel ainsi que du deuil (de l'abandon) du «phantasme d'immortalité». Tout n'est pas simple en réalité, dans la relation avec le grand malade et le mourant. Devant l'être — avec ou en face — il arrive : que le soignant craigne d'être entraîné par le mourant ou «dévoré» par lui (certains malades, de fait, sont des vampires insatiables; reste à en connaître la raison profonde); ce que justifient parfois les arrêts de travail répétitifs; il somatise de façon inattendue et même agresse le souffrant, parfois aussi l'entourage. Peut-être aussi ne faut-il point trop en faire. A la toute-puissance de l'aide s'oppose la limite de l'accompagnement. Au lieu de la prise de position, c'est parfois le silence, la réserve, le retrait qui s'imposent. Au lieu de la fusion, du «souffrir-avec» qui devient très vite dans un «souffrir-pour», un «souffrir-à la place», il s'agit de promouvoir la reconnaissance de l'autre comme autrui. Ce qui n'exclut pas, bien au contraire, l'urgence de favoriser chez le patient, l'expression des émotions, elle aussi base fréquente de la relation et condition de l'apaisement. Tel est le cas de cette vieille dame de 79 ans qui trouve le repos quand elle peut avouer à un tiers que, contrairement à ce que croit sa famille, sa vie a été terne, sans épaisseur, sans véritable bonheur. J. Chanceaulme a mille fois raison d'écrire, revenant sur la question, que l'émotion, loin d'être «un sentiment destructeur», peut avoir fréquemment «une vertu structurante».

Le souci majeur de cet excellent ouvrage demeure avant tout le souci de formation du personnel au service du grand malade et du mourant; J. Chanceaulme reste une professionnelle; cela transparaît à chaque page. Tout ce qui est dit ou repris du chercheur est ici repensé à travers le prisme de la formation, prétexte permanent à la réinterprétation des faits. Rien d'étonnant si la dernière partie du livre lui est consacrée. Il s'agit tout d'abord de prendre en compte les attentes. Celles notamment de l'institution qui ne manquent pas d'ambiguïté, partagée, voire écartelée qu'elle est entre la suppression du dysfonctionnement, la rentabilité économique, le respect du pouvoir médical, le bien-être du malade, les exigences du personnel. Celles aussi du soignant, des souffrants et de leur famille. Tout cela au confluent de phantasmes souterrains mais puissants qui tenaillent et tiraillent les acteurs en présence. Puis d'établir une doctrine, de concevoir un programme, de mettre au point une stratégie. Il importe en effet, qu'on poursuive «la restauration d'une pratique plus adéquate et moins douloureuse» tout en ne cessant jamais d'être au service du malade. La formation devient donc «provocation à des changements personnels; elle est, à ce titre, une re-création de soi d'où n'est pas absente une démarche thérapeutique car l'attente de soignants se réfère souvent aux besoins personnels de surmonter des situations pathogènes». Tour à tour, on doit s'efforcer de générer une meilleure adaptation à la situation vécue (se prémunir contre un contact volontiers anxiogène; acquérir une solide préparation à l'exercice du métier : le savoir-faire); de «désinfecter» la relation, ce qui ne signifie pas la désaffectiver mais plutôt «la débarrasser de la culpabilité et de l'angoisse, la mettre à nu pour la mieux comprendre» ; de remettre la mort à sa place singulière.

Le texte de J. Chanceaulme développe longuement le contenu et les stratégies de six sessions de formation regroupant quinze personnes et reposant le plus souvent sur la technique du jeu de rôle. Chaque fois, «la météo intérieure» à propos des rencontres antérieures, permet de faire le point, d'apprécier la puissance des affects, de mesurer les changements vécus par les acteurs. Dans ces expériences vécues sur le mode du jeu de rôle où se conjuguent le symbolique (qui parle en terme de manque et de substitution) et l'imaginaire (qui se situe du côté du plein et de la toute-puissance), on rencontre encore une fois le parallèlisme entre l'expansion libidinale propre au travail du trépas et celle dont fait état le soignant, puis l'exigence de réhabilitation de l'implication : entrer en relation avec le mourant plutôt que de le fuir sous prétexte qu'il risque de «happer» et de «détruire» celui qui l'aide, enfin l'impérieux besoin d'une transformation radicale de soi. Le dessein du stage n'est pas intellectuel même s'il implique réflexion, esprit critique, quête lancinante de sens; mais pratico-sensible comme dirait Sartre. S'impliquer exige qu'on ait la foi, qu'on soit animé du désir, qu'on ne répugne pas au risque (pour paraphraser René Kaës). Sur ce point, Josselyne Chanceaulme formule avec beaucoup d'à-propos des idées fort justes : «la formation à l'accompagnement des mourants ne correspond pas à une technique de relations, elle ne fait pas l'objet d'un contenu spécifique; c'est la possibilité que le mourant et le soignant se rencontrent sur un même terrain, partageant les mêmes certitudes et les mêmes inquiétudes. Cette socialisation, commune à l'un comme à l'autre, fût-elle en contradiction avec celle de leur groupe d'appartenance, est la condition même de la relation. La dyade ultime s'établit entre des personnes qui reconnaissent ensemble la réalité de la mort : ils constituent une sorte de groupe social (une sous-culture?), celui des marginaux qui refusent la négation de la mort. Ils sont liés par la relation de ceux qui se reconnaissent mortels».

Sans doute, tout n'est-il pas résolu pour autant; il faut trouver la bonne volonté; il devient urgent que l'institution se remette en cause dans son attitude face aux mourants et au mourir; il importe que les mentalités collectives ressentent le bien-fondé de telles attitudes; il s'impose qu'une réflexion théorique d'ordre thanatologique soit développée ; on ferait fausse route si l'on pensait que le traitement du mourir reste séparé de celui de la mort, du rite funéraire. D'autant que tout ce qui concerne ces questions intimement liées, provient de façon étroite du type de civilisation technico-industriel et marchand qu'est le nôtre.

Nous souhaitons vivement que cette brillante étude qui répond à un besoin actuel et légitime, connaisse le succès qu'elle mérite. Elle va droit à l'essentiel ; elle peut rendre d'inestimables services ; elle se lit un peu comme un roman. Que peut-on espérer de mieux ?

Mon seul regret ? celui de n'en être pas l'auteur !

Louis-Vincent Thomas
Professeur à l'Université de Paris V-Sorbonne
Fondateur de la Société de Thanatologie

1re PARTIE
L'HOPITAL

«par un curieux paradoxe, on peut se demander si l'homme occidental ne craint pas la mort parce qu'il refuse de croire à la toute-puissance de la vie»

Louis-Vincent Thomas

Chapitre 1
L'hôpital, lieu de mort et objet de phantasmes

Au cours du Moyen Age et jusqu'au XVIIIe siècle, l'hôpital est lieu de mort pour quelques uns, les plus pauvres. Soit qu'ils s'y trouvent reccueillis pour délit de pauvreté, et de cela, l'hôpital ne pourra les guérir; ils y passeront leur vie et ils y mourront; soit du fait du taux de mortalité inhérent à une promiscuité favorisant les contagions multiples. Si les choses ont bien changé, le souvenir en demeure pourtant vivace, du moins dans certaines couches de la société. A mesure que l'efficacité des traitements augmente les proportions de guérison, la mort n'est plus omniprésente. D'ailleurs, pendant longtemps et encore de nos jours, les derniers moments se dérouleront au domicile, une fois constaté par le corps médical «qu'il n'y a plus rien à faire». Pendant longtemps, le mort était ramené à son domicile en ambulance et les faire-part de deuil comportaient des formules telles que «décédé à son domicile,» comme s'il fallait conjurer une infamie, fût-ce par un transport de cadavre. Mourir à l'hôpital, c'était mourir comme un pauvre, comme un exclu.

Aujourd'hui, l'hôpital devient le lieu privilégié de la mort. Ceci répond à une nouvelle attitude de la société qui a érigé en tabou ce qui, hier, était accepté et intégré à la vie. Le corps social a une tendance naturelle à se débarrasser des phénomènes qu'il considère comme menaçants, sécrétant pour chacun une institution spécialisée qui les gère et les met ainsi à l'écart; ce sont : la prison où sont mises en l'écart les déviances sociales, les hôpitaux psychiatriques qui permettent de soigner, certes, mais d'ignorer et de contenir les pathologies psychiques, les institutions spécialisées qui permettent de cacher les handicapés physiques et mentaux. On mesure l'importance de ces exclusions aux réactions de crainte et de méfiance que suscitent les «ouvertures» des hôpitaux psychiatriques, le système de permission dans les prisons ou l'insertion des handicapés dans les collectivités.

De nos jours, la mort est niée et fait peur, mais il n'était pas nécessaire de créer une nouvelle institution pour la gérer et la contenir. L'hôpital pouvait devenir ce lieu naturel. En effet, la santé s'est médicalisée lors des dernières décennies et l'hôpital, sans en avoir le monopole, a eu la prépondérance dans cette médicalisation qui a bénéficié de moyens thérapeutiques de plus en plus performants. S'il prenait en charge la quasi totalité des actes médicaux réparateurs ou préventifs, s'il tendait à repousser toujours plus loin les limites de la vie, il était amené inexorablement à assumer la phase du mourir. Voulant assumer toutes les phases de la vie, il a dû accepter son contraire ; il est ainsi rentré dans le piège dont la société a verrouillé la porte.

L'institution hospitalière doit donc faire face aujourd'hui à deux types d'obligations vis-à-vis de la mort. La première concerne les hospices et services de longs séjours où sont accueillis les pauvres d'aujourd'hui, pauvreté qui n'est pas seulement économique mais relationnelle et affective. On y retrouve une des fonctions anciennes qui est d'accueillir (de cacher) les insultes à l'organisation sociale. Ici, la règle du jeu est claire et on pourrait inscrire au fronton de ces services la phrase de Dante : «vous qui entrez, laissez toute espérance.» Elle est claire pour l'institution comme pour son personnel ; il ne s'agit plus de soigner pour guérir et restaurer, mais bien d'adoucir, d'humaniser une évolution dont on connait le terme. Il s'agit là d'un rôle de substitution rendu nécessaire par les conditions de la vie sociale, et l'éclatement des familles. C'est aussi assumer en dernier ressort les conséquences du tabou qui entoure la mort et rend impossible, en pratique, la prise en charge du vieillissement et à plus forte raison, l'agonie et la mort, par une société toute entière vouée aux valeurs de la vie.

L'autre face à face avec la mort relève de l'échec de la fonction soignante. Il s'agit là d'un malade qui, quelle que soit la gravité de son état, peut être guéri. Il requiert une action thérapeutique dont l'objet est la guérison, d'autant plus probable que les moyens techniques qui peuvent être mis en œuvre sont plus importants. Même dans les cas les plus graves, il faut tout tenter et ce, jusqu'au dernier moment. C'est la fin de la vie qui fixe le terme de la thérapeutique. La mort est donc la sanction des imperfections, des insuffisances de la capacité technique de la structure soignante. Cette situation entraîne de manière automatique, l'obligation pour l'institution hospitalière d'assumer la mort, faute de l'avoir à temps reconnue et acceptée comme obligatoire et prévisible. Au fond, l'alternative est simple; ou bien identifier le moment où la capacité soignante est dépassée, c'est-à-dire reconnaître consciemment les limites de la thérapeutique, ou bien refuser avec acharnement (on parle parfois d'acharnement thérapeutique) de déclarer forfait, le fait brutal de la mort venant seul interrompre et interdire l'acte thérapeutique.

Mais déjà, on voit se profiler à mesure que l'efficacité technique s'accroît, une nouvelle problématique. Le maintien de la vie, du moins d'une vie végétative et l'entretien des fonctions vitales, est de plus en plus à la portée de la technologie médicale. La mort peut, à la limite, être reculée «sine die» (on pense à des durées de coma se chiffrant en mois, voire en années) et le jour viendra sans doute où ce n'est pas la mort naturelle qui mettra fin aux soins, mais une décision médicale (débrancher) qui interrompra la vie. «La mort est un phénomène technique obtenu par l'arrêt des soins, c'est-à-dire, de manière plus ou moins avouée, par une décision du médecin et de l'équipe hospitalière... aujourd'hui, l'initiative est passée de la famille, aussi aliénée que le mourant, au médecin et à l'équipe hospitalière. Ce sont eux les maîtres de la mort.»[1]

W. Reich, s'interrogeant sur le développement du nazisme notait : «ce qu'il faut expliquer, ce n'est pas que l'affamé vole ou que l'exploité fasse grève, mais pourquoi la majorité des affamés ne vole pas et pourquoi la majorité des exploités ne fait pas grève». Devant le traumatisme que constitue la présence de la mort dans le système hospitalier, ce ne sont pas les désordres psychologiques qu'elle entraîne chez les soignants qui exigent d'abord une explication mais bien qu'en fin de compte, ils soient acceptés. Ceci manifeste de la manière la plus évidente l'emprise de l'organisation hospitalière dont chaque membre est pourtant violé à deux titres : à titre professionnel, ils devraient être seulement les conservateurs de la vie; comme être social, ils ont appris à ignorer la mort.

Au fond, la société contemporaine occidentale a trouvé dans l'hôpital le moyen d'évacuer un problème qui la traumatise. L'hôpital n'a pu que l'accepter en contrepartie du pouvoir économique et sanitaire qu'il se constitue. De toute manière, la capacité croissante des techniques thérapeutiques qui multiplie les occasions d'affronter les limites de la vie, entraîne l'accroissement des risques d'en assumer le terme.

Ce compromis n'est pourtant pas inoffensif pour l'institution hospitalière, pas plus d'ailleurs que pour la société. Trouver de plus en plus souvent la mort au bout d'une démarche entièrement déterminée par la conservation de la vie peut conduire à un empoisonnement dont sont victimes l'institution hospitalière et ses membres qui doivent faire face à une contradiction fondamentale : membres du corps social, ils adhèrent et participent au rejet de la mort, à sa mise à l'écart; membre de l'institution hospitalière, ils en ont l'entière responsabilité.

Tout concourt à nier la mort et nous sommes socialisés dans ce sens. Cette acculturation a principalement la forme d'une négation («ne t'en fais pas, la mort n'existe pas»). Si chacun est occasionnellement confronté à la mort proche, le complot du silence reste une réponse à peu près satisfaisante.

Le discours de l'institution hospitalière n'est pas fondamentalement différent. En prônant d'abord la lutte pour la vie et en se présentant comme le garant et l'acteur de la guérison, il confirme l'acculturation initiale de ses membres. Mais la réalité n'est plus compatible avec l'expérience répétée de la mort proche. C'est un véritable processus de déculturation auquel sont soumis les personnels hospitaliers, à moins qu'une nouvelle réenculturation soit proposée, et sans doute la formation peut-elle constituer un début de réponse à cette exigence. Le simple fait de pouvoir dire ce qui est indicible, de briser la loi du silence, constitue en soi une première étape.

«ne t'en fais pas, la mort n'existe pas» : une puéricultrice dans un hôpital pour enfants, évoque, lors d'une session de formation sur l'enfant et la mort, l'histoire suivante : «samedi dernier ma fille de 7 ans, atteinte d'une bronchite, fait dans la nuit une crise d'asthme. Elle était complètement paniquée, disant qu'elle allait mourir et devant mes dénégations, me disait : «c'est pas vrai, je vais mourir, va-t-en méchante»; et pourtant je vous assure, c'était sans gravité et j'ai toujours pris soin de ne pas l'inquiéter avec la mort, je ne lui en parle jamais. Pas plus tard que la semaine dernière, son petit chat s'est fait écraser. Quand elle est rentrée de l'école, je lui ai dit qu'il était parti. A chaque fois qu'elle m'en parlait, je lui faisais la même réponse. Je ne comprends pas que ma fille puisse avoir peur de mourir alors que normalement, elle ne devrait pas savoir ce que c'est et qu'en plus elle est en bonne santé; et je ne comprends pas davantage son agressivité à mon égard».

Cette anecdote met en évidence deux points importants : le discours de l'adulte nie la mort, fût-ce celle d'un petit chat; l'enfant sait que la mort existe et que la sienne est possible.

Le conflit naît ici d'une socialisation dont l'élément central est la négation et de la connaissance instinctive qu'a l'enfant de la réalité imprescriptible de la mort. Pour cette petite fille, le discours de la mère est faux et le mensonge initial lui interdit désormais de croire aux paroles rassurantes de sa mère. Celle-ci, en prétendant préserver sa fille, a cherché aussi à se préserver elle-même. C'est du moins ce qui résulte de l'analyse et de la réflexion menées par le groupe de soignants en formation, y compris par cette jeune femme. Elle réalise ce qu'implique sans doute pour ses relations ultérieures avec sa fille, ce respect du tabou de la mort, sans pour autant envisager de le transgresser. C'est l'incitation amicale du groupe et de la formatrice à ce qu'elle ait une discussion avec sa petite fille qui la décidera. La discussion confirmera la justesse des hypothèses, manifestera aussi la délicatesse de l'enfant qui excusera sa mère : «j'ai bien compris que le petit chat était mort mais que tu disais qu'il était parti, à cause de mon petit frère et pas pour moi». Ce tabou qu'elle refusait pour elle-même, elle l'acceptait pour les autres, prête à reproduire dans son discours celà même qui l'avait bouleversée. Une solidarité nouvelle s'instaurait entre la mère et la fille et demain, pour un autre chat, le petit frère affrontera le même conflit.

Pourtant, pour cette jeune femme puéricultrice, souvent confrontée aux questions sur la mort de ses tout jeunes malades, une réenculturation était en train de s'ébaucher qui la conduirait à remettre en cause le tabou et à penser que la mort peut être dite, y compris à des enfants.

Pourtant, la principale stratégie de l'hôpital à cet égard, va consister à limiter l'impact de la mort. On assiste à la circulation d'un service à l'autre des malades dont l'état empire. Ainsi, lorsque l'état d'un malade s'aggravera, il sera transféré dans un service plus spécialisé qui à son tour le transferera en réanimation... Certes, tous ces transferts sont justifiés par des motifs médicaux objectifs, mais coïncident aussi avec le désir de chaque service de ne pas avoir à affronter la mort du malade.

Une fois la mort intervenue, le transfert à la morgue se fait de manière précipitée, certaines notes de service spécifiant même qu'il doit s'effectuer dans des délais très brefs. Notons également l'emploi d'un langage codé qui évite de prononcer le mot «décès». Ainsi, on dira dans un hôpital : «il est parti chez Alfred» (préposé à la morgue); dans un autre : «il est au bâtiment 23» (hôpital ne comportant que 22 bâtiments). Les services eux-mêmes changent de nom. Le terme de cancérologie a été remplacé par carcinologie puis par oncologie au cours de ces dernières années, ceci pour éviter que les malades connaissent la vocation du service qui les accueille et donc, leur maladie. Ce souci se retrouve même dans la conception des bâtiments, et le descriptif d'un hôpital industrialisé de type Fontenoy précise : «desservie par le monte-malades, la morgue a un accès séparé à partir d'une cour qui lui est réservée et dont la sortie est discrète». Que de précautions, même de la part de constructeurs d'hôpitaux, pour camoufler la mort.

Le mécanisme qui transfère de la société à l'institution hospitalière la charge du mourir, est reproduit dans la structure interne des services, se trouvant de fait confrontés à une haute mortalité (services de cardiologie, réanimation...), alors que beaucoup d'autres s'en trouvent pratiquement protégés. Ainsi, l'institution s'organise pour localiser et contenir la mort, faisant écho à la manière dont la société en a transféré sur elle la gestion.

Mais au-delà d'une réalité objective, l'hôpital est objet de phantasmes de la part des soignants, des malades et de leur famille. Ces représentations phantasmatiques pèsent sur les relations qui s'établiront entre les différents protagonistes.

Le panneau bleu «Hôpital silence» qui jalonne encore les rues, évoque à la fois le silence respectueux et inquiet devant la mort et la muette admiration des prouesses réparatrices de la médecine. Dans la réalité comme dans le phantasme, l'hôpital participe en effet de ces deux sentiments contradictoires, dernier recours mais aussi dernière demeure.

On sait la part croissante que prend, contrainte et forcée, l'institution hospitalière, dans la gestion de la mort et les succès sans cesse réaffirmés que la science et la technique médicale remportent sur la fatalité de la déchéance et de la mort. Cette réalité objective rencontre la vision phantasmatique qu'en ont les usagers — chacun l'est potentiellement — leur famille, les personnels soignants, les médecins.

La représentation phantasmatique de l'hôpital s'organise autour de deux idées-forces que Julien Potel explicite en parlant «d'une longue tradition de noirceur» et «des temples ultra-modernes voués au progrès et à la vie». Cette tradition de noirceur se réfère à une réalité ancienne qui disparaît, si l'on excepte certains hospices; mais cette image négative se trouve confortée par le fait que l'hôpital devient de plus en plus le lieu où l'on risque de mourir (dans la région parisienne, plus des deux-tiers des décès ont lieu dans un cadre hospitalier).

Un courant de l'opinion publique envisage les hôpitaux et les hospices comme des lieux où règne une promiscuité gênante, un manque de pudeur et de respect. Il existe des salles communes avec beaucoup de lits, l'hôpital est le lieu d'odeurs fortes et d'une certaine moiteur. Parfois des lits sont dans les couloirs, la nourriture laisse à désirer. Quant à la mort, les fameux paravents en sont le signe et l'on songe à des morgues affreuses. L'ensemble donne un côté inhumain à l'institution.

Cette vision, qui est plus conforme à ce qu'était la réalité hospitalière des siècles précédents qu'à celle d'aujourd'hui, reste cependant ancrée dans l'esprit du public, comme si une mémoire collective voulait ignorer les évolutions récentes. Pourtant, si le risque d'une issue fatale concluant une hospitalisation diminue, la probabilité de finir ses jours à l'hôpital augmente et une fois oublié ce lieu de noirceur que les faits démentent progressivement, il subsistera comme un lieu de mort ou du moins de risque de mort.

L'autre série d'images dément cette vision négative. Le prestige de certaines opérations spectaculaires et délicates, les échos de colloques de médecins, tout cela se conjuge avec le mythe du progrès technique pour former des images collectives valorisantes. L'opinion publique investit les médecins d'un pouvoir magique de défense contre la mort : ils prennent le relai de la puissance accordée autrefois à des forces supra-naturelles ou à des personnes comme les prêtres. Ce phantasme d'un pouvoir quasi-magique se superpose à celui de la «noirceur» et permet de surmonter l'image négative. Les soignants eux-mêmes qui expriment leur angoisse de mourir à l'hôpital, reconnaissent que pour des cas graves, c'est en l'hôpital qu'ils auront confiance. On retrouve cette même attitude chez les médecins généralistes, voire spécialistes, qui y voient l'ultime recours car ils savent y trouver les moyens techniques les plus évolués, les hommes les plus compétents.

Mais dans l'esprit d'un usager comme d'un soignant, ce n'est pas l'une ou l'autre de ces deux représentations qui prédomine mais bien une image ambivalente, celle d'un lieu à haut risque, où les chances de guérison sont à la mesure des risques de mort. Ainsi, les secteurs les plus évolués techniquement, sont ceux qui affrontent les plus grands risques. Là se concentre la quintescence des deux images.

Ces deux aspects contradictoires s'entretiennent et se confortent; les prouesses techniques, par leurs échecs, renforcent le phantasme de mort associé à l'hôpital, et par leur succès, le sentiment d'un pouvoir quasi-magique appelant ainsi de nouvelles tentatives, de nouveaux succès et de nouveaux échecs.

L'hôpital peut être considéré aussi comme une incantation collective. De tout temps, l'Homme a essayé de conjurer la mort par deux démarches; l'une que l'on peut qualifier d'objective, la recherche technique d'une meilleure santé, l'autre qui a un caractère incantatoire. L'hôpital est le point de convergence de ces deux démarches. Certes, l'acquisition de nouveaux moyens techniques répond bien à la première, mais elle sacrifie aussi à la seconde. L'analyse de la morbidité dans nos sociétés fait apparaître comme une cause de mort, aussi bien les accidents de la route, l'alcoolisme, le cancer et les maladies cardio-vasculaires. Les remèdes n'en sont pas seulement d'ordre médical (l'aménagement de carrefours dangereux peut être objectivement plus positif pour la santé collective que l'extension de services de réanimation ou le développement des SAMU). Pourtant, le budget des Travaux Publics n'a pas la charge émotionnelle de celui de la Santé. Réduire ce dernier au profit de l'autre, serait ressenti comme un choix contraire aux intérêts de la Nation, sans que soient analysés les impacts sur la santé publique de l'achat d'un scanner et de l'aménagement d'un carrefour. Les fondations diverses comme les campagnes nationales consacrées à la réparation de la santé,. reçoivent du public un accueil favorable et des gouvernants, des encouragements de toutes natures. Les campagnes de prévention ont rarement le même impact.

L'incantation prend la forme d'un sacrifice au sens religieux du terme; pour conjurer la mort, on offre un scanner et le Temple chargé de gérer l'offrande est l'hôpital. Bien sûr, il n'est pas question ici de contester l'intérêt des moyens techniques mis au service de la médecine, mais de noter la double signification de l'effort collectif en matière de santé. Que l'objet de l'offrande incantatoire soit utile, voire indispensable, n'enlève rien à la réalité profonde de l'incantation.

Berne – 1979 : la municipalité met en service des véhicules équipés pour les soins d'urgence aux victimes de malaises cardio-vasculaires sur la voie publique...ces véhicules circulent en permanence de manière à intervenir plus vite et d'augmenter ainsi les chances de survie des victimes.

U.S.A – 1984 : une campagne nationale est lancée («diminuez votre taux de cholestérol») — l'accent est mis sur les habitudes alimentaires.

Ces deux démarches visent à réduire les risques cardio-vasculaires. La première ayant recours à une technologie lourde et coûteuse, procède de l'incantation quand la seconde propose une prise en charge de sa propre santé par chacun.

L'hôpital est ainsi, lieu et objet phantasmatiques au centre de l'enjeu majeur de vie et de mort, récipiendaire des offrandes collectives destinées à conjurer la mort et instrument privilégié de la face positive du progrès scientifique et technique.

NOTE

[1] Philippe ARIES, *op. cit.*, p. 69.

Chapitre 2
La réalite dans les services : angoisse, culpabilité et orages émotionnels

Si la représentation phantasmatique de l'hôpital est un des nombreux facteurs intervenant dans les réactions du mourant, de sa famille et de ses soignants, la relation s'instaure au niveau du service qui est un ensemble plus modeste. Il a en général une localisation géographique précise ; il constitue un champ relativement clos et en tout cas autonome pour ce qui est de la vie courante des soins.

Mais parler de relation entre les mourants et leurs soignants n'est pas exprimer les règles du jeu entre deux corps constitués, mais bien dire le contenu affectif, émotionnel parfois gratifiant, souvent douloureux, mais jamais indifférent entre deux personnes dont l'une est en situation de dépendance par rapport à l'autre.

Le grand public, et même certains malades, ont parfois le sentiment, s'agissant des soignants, d'individus consciencieux et compétents certes, mais exerçant une activité dont la dimension humaine serait absente. L'expérience montre au contraire, à travers les témoignages des soignants en formation, combien l'implication émotionnelle et même affective est forte, malgré la rotation des malades dont la présence est fugace. L'accoutumance au risque de la mort de l'Autre existe rarement et la mort, si elle est ressentie comme un échec, est d'abord la perte d'une personne, même si les circonstances n'ont pas permis que se développe une relation approfondie.

Un service hospitalier n'est donc pas seulement une usine à guérir mais une scène où se joue en permanence le jeu de la vie et de la mort; les acteurs sont des êtres humains, vivant difficilement et douloureusement au travers de gestes techniques, la fréquentation de la mort de l'Autre, image et rappel de leur caractère mortel. La mort du malade renvoie aux soignants l'image de leur propre mort; créer des liens avec un mort en puissance, c'est s'exposer à une hémorragie affective chronique.

De plus, la mort du malade est le signe d'un échec. Echec technique bien sûr mais aussi échec de la fonction soignante. Une mort, c'est la preuve des limites de la connaissance, des moyens médicaux, mais c'est aussi l'échec de chacun des soignants et d'une certaine manière, celle de la vanité des efforts qui ont été faits.

ANGOISSE ET CULPABILITE

La tension et l'angoisse, même latentes, qui resurgissent chaque fois qu'un pronostic à risques est prononcé, et à plus forte raison quand il est fatal, font partie du vécu des soignants. Pour s'en protéger et rendre supportables ces situations, s'instaurent des mécanismes de défense individuels et collectifs. Ils s'articulent autour de la négation et des mises à distance; ils s'accompagnent parfois d'un discours rationnalisateur masquant l'intensité des phénomènes de projection («on ne peut pas lui parler de son état, *d'ailleurs il ne supporterait pas*»).

La négation d'abord est conforme aux mentalités ambiantes; elle reflète l'attitude sociale dominante : «la mort n'existe pas». Elle s'inscrit naturellement dans un complot du silence qui pose le plus souvent, comme a priori, que les chances de guérison seraient altérées si le malade avait une conscience claire de son état. Cette négation engendre des attitudes de rationalisation individuelles et collectives. C'est aussi le refus par chacun, de laisser entrevoir au malade ce que son état a de grave, voire de critique. C'est aussi refuser de dire une vérité que le malade réclame, souvent de manière détournée, mais parfois aussi de façon très explicite. Ce non-dit n'intervient pas seulement dans la relation du soignant et du malade mais aussi à l'intérieur de l'équipe qui évite de s'appesantir sur les états inquiétants, préférant borner la communication aux seuls éléments pratiques du traitement et des soins. Ainsi, le médecin prescrira sans donner beaucoup d'indications sur l'évolution de la maladie. L'infirmière cherchera à deviner l'opinion du médecin à travers les repères de ses prescriptions. L'aide-soignante, plus que toute autre en contact direct avec le malade, se sentira souvent laissée dans l'ignorance, n'ayant pas toujours accès au dossier médical.

Ce complot du silence est souvent conforté par l'attitude des familles. L'équipe soignante trouve en elles des alliées de choix. Il faudra au malade beaucoup de ténacité et de volonté pour obtenir autre chose que des paroles lénifiantes.

Le médecin, qui lui ne peut ignorer la situation, aura rarement l'occasion d'un dialogue avec le malade, entouré qu'il est (protégé peut-être) à chacune de ses visites d'un groupe suffisamment nombreux pour rendre difficile l'expression d'interrogations fondamentales et de réponses authentiques.

Pourtant, et la médecine actuelle en reconnaît de plus en plus le bien-fondé, la guérison n'est pas seulement affaire de médecin et d'hôpital, elle se trouve facilitée par la prise en charge par le malade de sa propre santé. Ceci n'est possible que si le malade est traité comme une personne consciente et responsable, pour partie du moins, de sa santé. Refuser de répondre à ses demandes sous prétexte de ne pas le traumatiser, c'est nier son rôle de partenaire dans le combat contre la maladie. Il convient d'ailleurs de souligner que dans les pays anglo-saxons la «vérité» aux malades est très souvent de règle. Aussi ce complot du silence apparaît-il d'abord comme un moyen pour les soignants de maintenir envers et contre tout, une négation de la mort qui fait partie intégrante du discours social et qui est la raison d'être de leur action.

Nous ne voulons pas ici prôner la vérité à tout prix et nous verrons plus loin que certains malades ont besoin de nier eux-mêmes leur maladie grave et qu'il faut respecter ce besoin. Nous voulons seulement souligner que, prétendre que les chances de guérison seraient altérées si le malade avait connaissance de son état, est aussi une rationalisation qui permet de continuer à nier la mort.

Pour se protéger de l'angoisse et de la culpabilité, les soignants vont organiser des mises à distance qui sont d'ordre spatial, temporel et affectif.

D'ordre spatial d'abord. On est surpris de constater la circulation, d'un service à l'autre, de malades dont l'état empire. Ainsi, une personne âgée dans un service de long séjour sera immédiatement confiée, dès qu'interviendra une phase critique, à un autre service, de cardiologie par exemple, qui lui-même la dirigera dès que possible dans un service de médecine aiguë, etc. Certes, tous ces transferts sont justifiés par des motifs médicaux objectifs, mais ils coïncident aussi avec le désir de chaque service de ne pas avoir à affronter la mort du malade. Le personnel en formation reconnaît volontiers la part des raisons très subjectives dans ces décisions de transferts successifs.

Une étude récente faite sur plusieurs services de médecine générale, montre que la distance d'une chambre au centre du service est proportionnelle à la gravité du cas du malade qui l'occupe ou plutôt à l'importance des problèmes relationnels que le malade pose aux membres de l'équipe soignante. Cette préoccupation transparaît à chaque session de formation et de longues discussions se déroulent toujours sur la manière d'isoler le malade dont on sait que la fin interviendra dans les prochaines heures; sous prétexte d'éviter aux autres malades le traumatisme de la mort, l'équipe soignante cherche certainement aussi à s'en protéger.

Plus significative est la réduction du temps passé avec les malades dont l'état empire. L'étude précédemment citée confirme, chronomètre en main, la diminution de la durée d'un même soin (changer une perfusion par exemple). On constate que les infirmières répondent avec un délai plus long à l'appel émanant de la chambre d'un mourant. Il arrive que, pour un soin justifiant la présence d'une seule infirmière, deux personnes se déplacent, peut-être pour éviter que le mourant n'intervienne dans le dialogue de ces deux personnes et pose des questions concernant sa maladie. Tous ces comportements sont moins destinés à éviter le contact avec une déchéance physique, qu'à éliminer le risque d'une interrogation du mourant et d'une relation émotionnelle, affective avec lui. S'y ajoute un transfert progressif du contact avec ceux qui vont mourir, aux personnels les moins qualifiés sur le plan médical, en leur laissant les soins longs (nursing) pendant lesquels le malade essaie d'entrer en relation. Celle-ci se réduit alors aux seuls actes médicaux et au nursing.

Les médecins ne sont pas moins touchés que les autres, allant même jusqu'à éviter la chambre du mourant lorsque, tout espoir étant perdu, plus aucun acte médical réparateur ne peut être posé.

Mais le silence, comme les mises à distance physiques dont nous avons parlé, témoignent de la nécessité parfois vitale d'une mise à distance affective. D'abord, parce qu'établir une relation avec un mourant c'est prendre le risque, non seulement de l'accompagner dans cette phase difficile, mais plus encore, de vivre à travers lui l'expérience de sa propre mort. Le paradoxe de la situation du mourant provient du malentendu sur «ne pas mourir seul»; ne pas mourir seul ne signifie pas mourir à deux mais vivre à deux jusqu'au bout.

Angoisse aussi parce que s'attacher à quelqu'un qui va disparaître, apparaît comme une attitude traumatisante et stérile (il n'y a pas d'avenir dans cette relation; si elle est riche, elle engendrera très vite des regrets, si elle est pauvre, elle ne laissera qu'un goût de culpabilité). Ces situations se renouvelant, il faut choisir entre une hémorragie affective et la limitation d'une implication affective.

Mais toutes ces parades sont en partie vaines; la déchéance physique et morale, la souffrance, la mort de l'Autre, pèsent en permanence sur la vie des soignants. Il n'est pas jusqu'à l'apparent détachement : «j'ai *touché* (*sic*) si souvent la mort de près dans mon service que cela ne me fait plus rien» ou bien «dans notre service de cardiologie, il y a tant de morts que cela nous laisse *froids* «(*sic*) ou encore « s'il y a tant de décès dans notre service de réanimation, c'est parce qu'on est *fourni* (*sic*) par tous les autres services qui nous envoient leurs morts euh... je veux dire leurs mourants»; ces propos témoignent d'une forme réactionnelle de cette implication affective qui, par une mise à distance des affects, exprime l'angoisse ressentie. Mais cette angoisse ne va pas sans une sorte de fascination et il est paradoxal que ceux-là mêmes qui ont évité une relation avec le mourant, ne puissent s'empêcher d'au-moins un regard ou une visite brève dans la chambre du mort. S'agit-il là d'une sorte de réparation, comme si la visite au cadavre remplaçait celles qui n'avaient pas été faites de son vivant...

Une session de formation est souvent un moment qui facilite l'émergence de ces comportements et il arrive que cette prise de conscience s'accompagne d'un sentiment de culpabilité. La réaction du formateur est souvent capitale; on attend éventuellement de lui un jugement moral, une appréciation rendue importante par sa situation privilégiée dans le groupe et aussi d'une certaine manière, parce qu'il est en position d'extériorité (peut-être est-il le regard que la société porte sur les pratiques hospitalières concernant la mort?). Or, il n'a ni à culpabiliser, ni à déculpabiliser, mais à permettre l'expression des difficultés et à aider les stagiaires à en comprendre les raisons, les analyser et peut-être les accepter.

Le traumatisme est encore amplifié par le dénuement culturel, psychologique, intellectuel dans lequel se trouve le soignant devant la mort. Culturel d'abord : nous savons qu'à l'image d'une mort apprivoisée s'est substituée celle d'une mort inquiétante puis une mort indicible qui prend rang dans notre société contemporaine de tabou majeur. L'acculturation dans ce domaine est faite de négation. Psychologique aussi, car aucune expérience personnelle ne peut concourir à éclairer une issue niée par le corps social. Intellectuel enfin : si les études suivies par les personnels para-médicaux comme par les médecins sont entièrement tournées vers la vie et sa sauvegarde, elles ignorent par principe l'échec qu'est la mort ; même si les connaissances en ce domaine existent, on constate qu'elles ne font pas partie du bagage des connaissances intellectuelles de ceux qui, professionnellement, doivent affronter la mort. La seule réponse peut être d'ordre religieux mais elle est rarement suffisante, car le malade ne partage pas toujours les mêmes convictions religieuses et même s'il inscrit sa mort dans la vision d'un Au-Delà, l'expérience qu'il vit le laisse désemparé dans le présent. Une réflexion sur le mourir n'est pas suffisante, mais elle apporte néanmoins des éléments très positifs. Evoquant auprès des personnels soignants en formation ce présent travail, nous avons pu constater à maintes reprises combien la révélation qu'il était possible d'aborder intellectuellement le problème de la mort, avait trouvé d'écho auprès de ces soignants. Habitués au silence, y compris dans leur équipe, ils découvraient qu'ils n'étaient pas seuls confrontés aux interrogations et aux angoisses, qu'une réflexion était possible, que d'autres la menaient, que le tabou du silence pouvait être brisé et que chacun d'entre eux était en mesure d'apporter sa contribution à cette tâche. La formation est pour eux la preuve tangible qu'il est possible de substituer au silence, la parole, à la solitude, le dialogue et à l'angoisse stérile, la réflexion.

ORAGES EMOTIONNELS

Parmi l'ensemble des réactions que suscitent chez le soignant la mort de l'Autre, comme le discours sur la Mort, l'émotion forme comme la trame, le dénominateur commun de toutes ces réactions. A ce titre, elle doit être prise en compte comme un élément central dans le processus de formation. Mais elle manifeste, en outre, l'absence de modèle, de référence culturelle et même de connaissances médicales ; aussi sont-elles amplifiées car, « l'émotion surgit lorsque nous sommes surpris par quelque chose d'inattendu. Elle n'indique pas seulement l'absence d'un programme préparant une réponse à la situation nouvelle, elle exprime le manque d'un schéma préalable de compréhension de ce qui se passe ».

Ceci explique d'ailleurs que le plus souvent, et du moins dans un premier temps, l'émotion soit refoulée, d'autant que son expression devant le groupe apparaît comme inconvenante, à plus forte raison sur le sujet tabou par excellence qu'est la mort. Il y a donc là un double verrouillage. Un des objectifs de la formation sur la relation aux mourants sera de les supprimer.

D'une manière générale, l'expression publique d'émotions fait l'objet d'une censure forte de la part du groupe social mais aussi d'une autocensure, si l'interdit a été intériorisé. Le rire en public est acceptable, les pleurs le sont moins. Les émotions engendrées par la souffrance et l'agonie étant le plus souvent douloureuses, on conçoit bien qu'elles soient inexprimables. Ceci est vrai dans une équipe soignante où chacun étant agressé par les mêmes faits, personne ne s'autorisera à en parler. Le ferait-il, il peut craindre de recueillir la désapprobation du groupe, à la fois parce qu'il manifesterait sa faiblesse et sa vulnérabilité, et qu'il mettrait tous les autres dans un double embarras : faire face à une relation affective et éviter la contagion émotionnelle. Faute de ne pouvoir exprimer et partager que l'aspect intellectuel des choses, la vie de l'équipe risque de n'être qu'une juxtaposition de solitudes.

Au cours d'un débat sur le langage symbolique des mourants, une aide-soignante se met à pleurer doucement sans que le groupe la remarque d'abord. Progressivement le groupe en prend conscience. Un silence gêné s'installe alors, simplement interrompu par la formatrice demandant à l'aide-soignante si le groupe pouvait quelque chose pour elle. Devant sa réponse négative, le débat est relancé; il est immédiatement interrompu par une stagiaire d'ordinaire très effacée, apostrophant la formatrice : «mais enfin faites quelque chose, ne la laissez pas comme ça, vous êtes épouvantable! et puis j'aime mieux m'en aller plutôt que de voir ça!»

Une pause-café est suggérée qui permettra à la personne courroucée de ne pas sortir seule, et d'offrir à la jeune femme pleurant, la possibilité de discuter avec la formatrice si elle le souhaite.

Cet incident a permis, là aussi, au groupe de prendre la mesure de l'inconvenance des émotions en public. Lors de la reprise, la stagiaire s'excuse d'avoir été si véhémente. Ceci est l'occasion pour la formatrice, après lui avoir dit qu'elle n'avait pas à s'excuser d'exprimer des émotions (ici colère et agressivité), de lui proposer de comprendre les raisons de sa réaction. Il apparaît très vite pour elle, que ce sont les pleurs de sa collègue qui l'ont agressée et qu'il appartenait à la formatrice de «faire quelque chose» pour que cela cesse; sa «tranquillité» (*sic*) lui paraissait une attitude inacceptable. Elle comprit également que sa demande : «faites quelque chose pour *elle*» était en réalité «faites quelque chose pour *moi*», ce que la formatrice avait d'ailleurs fait en accédant à sa demande : la pause-café permettait d'interrompre une situation difficile pour elle, sans la laisser s'exclure du groupe, sans qu'elle se sente culpabilisée d'abandonner une collègue qu'elle croyait en détresse, puisque la formatrice restait avec elle.

Cette situation montre d'abord comment joue le processus de censure des émotions. Ceux qui les expriment en sont gênés et ceux qui en sont les témoins également. Si l'émotion est un élément prépondérant dans la relation de soins, plus particulièrement avec les mourants, la formation se doit de l'intégrer et d'être un lieu et un moment où cette expression est favorisée. Ceci est rendu possible, certes par le choix des thèmes abordés, mais c'est d'abord le discours, les réactions, bref, le comportement du formateur qui manifestera cette autorisation ou au contraire renforcera l'interdit. Il est évident en effet que, si le formateur lui-même redoute les moments d'émotion intense, il induira et confortera la censure habituelle. Si au contraire, il les accueille avec intérêt et sympathie, il aidera les autres à surmonter leur réserve. Il importe que les soignants en formation ressentent que manifester une émotion n'est pas une preuve de vulnérabilité; ceci suppose que la sympathie ne soit d'aucune manière une marque de pitié mais au contraire, la prise en compte d'une des dimensions de la personne humaine.

Favoriser l'expression des émotions apparaît comme un des nombreux objectifs de la formation à la relation aux mourants. Ceci permettra à chacun d'entendre, d'être le témoin et d'accepter l'émotion des autres sans en être bouleversé, c'est-à-dire sans être totalement submergé par celle-ci, mais également de s'autoriser à exprimer les siennes. Avoir expérimenté ce genre de situation aura pour conséquence, tout à la fois de mieux accepter les émotions du malade mais aussi celles qui s'exprimeront dans l'équipe soignante. A ce titre, la formation apparaît en partie comme une mise en situation symbolique où le stagiaire serait le malade exprimant ses émotions; le formateur et le groupe apparaîtraient comme le «modèle» de ce que pourrait être le comportement d'un soignant impliqué dans la relation affective qui accompagne, sous-tend le partage d'émotions, que ce soit une relation soignant-soigné ou formateur-formé.

Chapitre 3
La mort différenciée

L'impact émotionnel de la mort de l'Autre dépend bien sûr des relations qui ont pu se tisser entre le malade et le soignant, de la sympathie et de l'intérêt que ce dernier porte à son malade. Il sera a priori plus fort dans un service de long séjour que dans un service d'urgence. Mais l'âge d'une part, et la pathologie d'autre part, interviennent également pour différencier les réactions du personnel hospitalier. La mort de l'enfant et celle du vieillard n'engendrent pas le même type de réactions ; la mort du cancéreux, du cardiaque ou du comateux n'est pas perçue de la même manière.

Nous évoquerons deux d'entre elles qui se situent sans doute aux extrêmes du spectre des comportements des soignants : la mort de l'enfant d'une part, celle du comateux d'autre part. La seule similitude que l'on puisse trouver est la difficulté pour les soignants d'aborder en formation ces deux types de mort. Face à l'enfant mourant, les comportements des soignants sont radicalisés ; le bouleversement affectif qu'elle provoque, atteint son paroxysme ; la loi du silence apparaît comme la seule réponse adaptée face à un enfant qui ne «peut» connaître la mort. Enfin, c'est à cette occasion que le tabou exerce la censure la plus forte, y compris en formation. L'amplification des problèmes et des réactions rend extrêmement difficile une démarche de formation à ce sujet, mais en même temps lui confère un caractère exemplaire. (alors que la seconde place l'équipe soignante devant un choix qu'elle croit être seule à assumer, celui de la vie ou de la mort). C'est en raison même de leur difficulté, qu'il nous a paru utile de les aborder pour montrer que le degré de résistance, s'il rend problématique le travail de formation, ne l'interdit pas.

La mort de l'enfant

On s'attend à ce que ce côtoiement soit pour les soignants le plus difficile, le plus douloureux, et il peut paraître au premier abord surprenant que dans les témoignages qu'ils apportent en formation, témoignages qui constituent comme la matière première du travail, les problèmes posés par la mort des enfants ne soient que très rarement évoqués. Lorsqu'ils le sont, c'est essentiellement sur le mode émotionnel et ils recueillent alors, de la part du groupe, une sorte de réprobation qui rend difficile un travail collectif.

Ces réactions qu'illustre bien la formule populaire : «ne m'en parlez pas, ça me rend malade», témoignent de l'importance que revêt dans la vie des soignants, l'agonie et la mort des enfants. En face de ces situations, le personnel hospitalier est aussi démuni que chacun d'entre nous, il reçoit de plein fouet ce désordre inacceptable auquel il ne peut répondre que par les pleurs ou le silence. C'est donc à la fois le thème central d'un travail sur la relation aux mourants, mais c'est aussi celui où la charge émotionnelle envahit le champ de perception. On retrouve ici un des éléments-clés de la stratégie de ce type de formation qui doit accueillir l'émotion comme une manifestation légitime, mais la dépasser pour en reconnaître tout à la fois la *légitimité* mais aussi le *sens*. *C'est à ce prix qu'elle cessera d'être stérile, qu'elle deviendra un matériau avec lequel pourra se construire une nouvelle compréhension, sans pour autant laisser la place à une rationnalisation froide. Découvrir le sens de cette émotion, c'est aussi en confirmer la légitimité en même temps que permettre une certaine mise à distance des affects.*

La mort d'un enfant déclenche sans doute chez tout adulte, un sentiment d'injustice face à l'innocence enfantine; c'est aussi l'idée d'inachèvement, d'une promesse non tenue. Ce bouleversement émotionnel devant la mort de l'enfant se nourrit, entre autres, de deux bouleversements d'ordre culturel.

Si pendant longtemps, et ceci reste encore vrai pour bon nombre de régions du globe, la mort d'un enfant avait un caractère banal, elle est pour nous aujourd'hui, contraire à l'ordre des choses, elle vient démentir un schéma de vie où la mort est une issue lointaine qui ne concerne pas notre présent. Elle est d'autant plus inacceptable pour l'enfant qu'elle devient exceptionnelle.

Par ailleurs, l'enfance, plus que tout autre, est tenue à l'écart de la connaissance de la mort et de la sexualité, ces deux tabous de notre société[1]. La mort de l'enfant est la preuve manifeste d'une transgression de l'un de ces tabous et en révèle le caractère contestable, autre bouleversement de l'ordre des choses.On conçoit le poids d'interdit et donc la difficulté d'un échange, d'un travail sur ce sujet.

Le sens, c'est aussi pour les soignants, prendre conscience de la part de culpabilité comme composante de leurs émotions. Car, face à la mort de l'enfant, le soignant se trouve impliqué à plusieurs titres. Membre d'une société où tout adulte doit assistance et protection à l'enfant, il ne peut que constater sa carence. Membre de l'institution hospitalière, il est, de par sa fonction, le seul recours du malade. La mort l'interpelle dans sa compétence. Il se trouve ainsi doublement mis en cause. Le terrain se trouve donc bien préparé au développement d'un sentiment de culpabilité. Par ailleurs, on comprend que l'enfant soit plus que tout autre malade, l'objet d'un investissement affectif; il est assez naturellement «le malade élu» dont la mort prochaine réactive le double sentiment de culpabilité. Si par contre, le soignant n'a pu supporter cet investissement affectif et répondre aux attentes de l'enfant, cette troisième faillite ne pourra que renforcer sa culpabilité.

Trouver le sens et la légitimité des émotions face à la mort de l'enfant, peut, certes, atténuer la souffrance morale qui saisit le soignant, mais il faut aller au-delà, c'est-à-dire dépasser l'émotion dont la conséquence la plus fréquente est de tenter d'évacuer le problème, au moins d'éviter de lui donner corps en le partageant avec d'autres. Ce sera d'abord regarder les choses telles qu'elles sont et non pas telles qu'on désirerait qu'elles soient. C'est reconnaître que l'enfant peut avoir conscience de sa mort et non maintenir qu'il en est ignorant. C'est admettre que son attitude, ses révoltes ou ses désirs s'inscrivent dans un travail du trépas et non les imputer à son ignorance ou à son inconscience. C'est chercher à découvrir la signification de ses réactions, à les inscrire dans la trajectoire psychologique que parcourt un être humain qui s'achemine de la vie à la mort.

Cette analyse ne fera pas disparaître l'émotion naturelle mais lui donnera un sens, transformant une angoisse liée à l'impuissance en une démarche adaptée : apporter une réponse aux attentes de cet enfant et pour cela, admettre qu'il peut avoir besoin comme tout être humain de trouver chez les soignants, une attitude autre que la négation péremptoire et répétée.

Car l'enfant a bien une préscience de sa mort. De nombreux témoignages confirment ce degré de connaissance. Ginette Raimbault comme Elisabeth Kubler Ross en donnent de multiples exemples. Des cas rapportés en formation par les soignants confirment que l'enfant autant que l'adulte peut reconnaître la mort comme conclusion inéluctable et proche de sa maladie. Pour les adultes, les parents d'abord mais aussi les soignants, déchiffrer dans le message de l'enfant, qu'il soit de l'ordre du langage symbolique ou parfois exprimé de façon directe, est si difficile, si bouleversant que beaucoup sont tentés de ne pas entendre, et s'ils entendent, de ne pas répondre, témoin le cas de Gilles :

> Gilles, âgé de douze ans, a une leucémie qui ne lui laisse, au mieux, que quelques semaines à vivre. Il est hospitalisé dans l'hôpital où son père est infirmier, mais dans un autre service. L'histoire de Gilles est rapportée par Robert, aide-soignant, au cours d'une session de formation.
>
> Les parents de Gilles, leur second parmi quatre enfants, ne peuvent accepter cette mort très probable, ils sont en phase révolte. Dans son état de faiblesse, Gilles se distrait en faisant des puzzles que lui offre sa famille ; ainsi, il a acquis dans ce jeu qui le passionne, une très grande maîtrise. Ses parents ont compris l'importance de cette activité et s'ingénient à trouver des puzzles de niveau toujours plus élevé.
>
> Sa mère vient le voir chaque jour mais ses visites sont courtes et elle quitte rapidement la chambre pour ne pas éclater en sanglots devant lui. Elle est donc de moins en moins présente auprès de son fils dans les derniers moments de sa vie.
>
> Lui apportant un nouveau puzzle, son père dit à Gilles : «celui-là est un peu plus difficile mais je suis sûr que tu l'auras fini dans la semaine» et Gilles lui répond : «je crois pas». Son père essaie de le convaincre que c'est tout à fait à sa portée et Gilles répète fermement en regardant son père : «je *sais* que je ne le terminerai pas, je n'aurai pas le temps». Comprenant alors la signification de ces paroles, le père quitte précipitamment la chambre en sanglotant et va raconter à Robert ce qui vient de se passer. Robert nous dira son tiraillement entre deux urgences, le réconfort à son ami, la solitude et la détresse de l'enfant : «j'ai pensé que si je n'étais pas un lâche, c'est vers Gilles que je devais aller ; il avait eu le courage de parler de sa mort, il fallait qu'à défaut de son père, un ami, un adulte soit là pour l'entendre et le comprendre».
>
> L'enfant dira à Robert combien il lui pesait de ne pouvoir parler à ses parents de tout ce qu'il lui arrivait : sa maladie, ses longs mois d'hospitalisation, la certitude de savoir maintenant qu'il allait mourir bientôt, sa peur et son chagrin. Il avait compris qu'il lui était impossible de se confier à sa mère ; par contre, il avait espéré que ce serait possible avec son père. Il était à la fois déçu et culpabilisé du chagrin qu'il avait déclenché.
>
> Robert va devenir au cours des quelques jours que Gilles a encore à vivre, celui avec qui il peut parler de tout ce qu'il vit ou ressent ; Robert servira ainsi d'intermédiaire entre l'enfant et ses parents car ceux-ci ne pourront jamais (bien qu'ils sachent qu'il sait) parler avec Gilles de sa mort.

En évoquant devant le groupe cette relation, Robert va faire part des sentiments qui l'ont assailli lorsque le père est venu le trouver. Les stages précédents lui ont permis de mieux comprendre sans doute la demande de Gilles, mais il ne s'agissait plus là d'un exercice et il fallait désormais se «jeter à l'eau» avec l'angoisse des conséquences que pourrait avoir son attitude si elle était inadaptée ; son soulagement fut réel de constater qu'il ne s'était pas trompé et qu'il avait apporté à l'enfant la seule aide que celui-ci pouvait espérer. Le groupe de formation était aussi pour lui, le lieu où il pouvait, en les exprimant, surmonter ses doutes et apaiser l'émotion qui l'avait saisi tout au long de cette relation.

Mais outre cette détresse qui s'alimente au silence gêné de l'adulte, se développe chez l'enfant un sentiment de culpabilité. Constatant les désordres, tout particulièrement chez ses parents, désordres dont son état est la cause, il est conduit à se sentir responsable de cette situation :

«je suis en hémodialyse parce que j'ai trop mangé de bonbons alors j'ai de l'albumine. Je faisais trop de vélo, j'allais trop vite alors je gonfle et mes reins ne marchent plus».

Cette responsabilité a tôt fait de se transformer en sentiment de culpabilité, d'autant plus fort que les conséquences de son état sont catastrophiques. Il dévore le temps des autres, accapare ses parents au détriment de ses frères et sœurs, engendre éventuellement des difficultés financières liées au coût du traitement. Cette culpabilité peut le conduire à rechercher dans la mort, dans sa mort, la disparition de cette cause de désordre ou, à l'inverse, engendrer un désir de vivre à tout prix pour épargner aux autres la douleur de sa perte, fût-ce au prix de sa propre souffrance. L'intensité même des bouleversements émotionnels dont son état est la cause ne peut que renforcer cette idée de culpabilité et il cherche en vain la faute qui serait ici sanctionnée. «L'enfant se pense nécessaire à la vie de ses parents, ayant à leur endroit une fonction à remplir. S'accusant de ne pas remplir cette fonction et de faire souffrir tout son entourage, l'enfant malade en vient à se demander quelle faute il a pu commettre pour être ainsi puni.»[2]

Par ailleurs, son éducation a trop souvent associé les incidents de santé à une faute commise ou à des recommandations non respectées. A son premier rhume, il a entendu ; «je suis sûre que tu n'as pas mis ton manteau à la récréation comme je te l'avais dit» ; à une indisposition gastrique, l'enfant sera soupçonné d'avoir mangé trop de bonbons, de chocolat ou trop vite... L'idée que la maladie est la conséquence de ses actes, la punition de ses fautes, s'impose bien vite à l'esprit de l'enfant.

Répondant à la culpabilité de l'enfant, celle des parents n'est pas moindre. S'il s'agit d'une maladie congénitale, les parents se sentent directement à l'origine de la maladie. Dans les autres cas, y compris accidentels, le sentiment prévaut qu'une plus grande attention aurait sans doute pu conjurer cette fatalité. Il se peut que ce sentiment conduise les parents à des sacrifices expiatoires. Ils lui accorderont tout ce qui peut lui faire plaisir, une façon déjà de le retrancher du monde normal, de répondre sur un autre registre à l'incapacité de lui apporter ce dont il a besoin, la santé bien sûr, mais peut-être aussi la reconnaissance de son état, comme si leur affection avait pour unique mesure les sacrifices de tous ordres, en temps, en argent, en fatigue, comme s'il s'agissait d'obtenir une «absolution» dont le prix est la pénitence.

Mais cette culpabilité peut devenir in-supportable et amener les parents à la projeter, la déplacer sur quelqu'un d'autre; sur le conjoint («nous n'avons jamais eu cette maladie dans *ma* famille») mais également sur le médecin et l'équipe soignante qui ne savent pas sauver l'enfant, telle la grand-mère de Benoît, un petit cancéreux : «si mon petit-fils meurt, ce sera de votre faute». Dans certains cas, elle peut même être déplacée sur l'enfant lui-même et malgré le caractère apparemment aberrant de cette attitude, des témoignages le confirment qui permettent, au-delà d'un jugement de valeur instinctif, de mesurer le degré de culpabilité devant une situation intolérable.

L'importance de la famille, des parents en particulier, dans la relation entre l'enfant mourant et les soignants, est d'ailleurs un élément spécifique. L'enfant est largement perçu dans une inter-action forte avec ses parents. Que ceux-ci soient très présents, jouant un rôle de médiateurs, d'écran peut-être entre l'enfant et ses soignants ou qu'ils soient au contraire absents, conduisant ainsi les soignants à tenter une compensation affective, la famille intervient bien plus que dans les autres cas, créant une relation triangulaire :

> Benoît est hospitalisé la première fois à trois ans et demi pour anorexie; il vomit le peu de nourriture qu'il absorbe. Au cours de ce premier séjour à l'hôpital, aucune anomalie de l'appareil digestif n'est constatée. Par contre, des examens de routine permettent de déceler une tumeur au cerveau. Lorsque les résultats de l'examen arrivent dans le service, l'enfant est déjà retourné chez lui. Il est donc à nouveau hospitalisé d'urgence et aussitôt opéré et valvé. L'anorexie s'accentuant, l'équipe médicale décide de poser une sonde pour l'alimenter, toutes les autres tentatives ayant échoué. Benoît s'adapte très bien à la sonde.
>
> Il passe ainsi plusieurs mois hospitalisé, jusqu'à ce qu'un abcès à l'intestin nécessite une nouvelle intervention chirurgicale; à la suite d'infection empêchant la cicatrisation, il est opéré une troisième fois et son état se stabilise enfin.
>
> Malgré son état de grande faiblesse et tout ce qu'il a subi (3 interventions chirurgicales, une valve, une sonde gastrique) Benoît reste un enfant très agréable, doux, d'une intelligence très vive.

Sa mère, qui est très présente auprès de lui, est malentendante; le père, lui, est pratiquement absent et semble assez indifférent à la situation (sa profession l'éloigne toute la semaine et lorsqu'il vient voir son fils le dimanche, c'est pour lire le journal). La grand-mère maternelle, au contraire, est omniprésente et présentée par l'équipe soignante comme «un dragon et très impressionnante» (*sic*) toute vêtue de noir. Dès la première hospitalisation, elle informe l'équipe soignante que, sa fille entendant mal, c'est avec elle qu'il faudra régler les problèmes de santé de Benoît (ce que contestent les soignants, affirmant que le handicap de la jeune femme ne l'empêche pas de communiquer avec ceux qui s'occupent de son fils). Cette grand-mère, qui a perdu son mari, et tout récemment son fils d'un cancer (le grand-père et l'oncle de Benoît) critique la conduite des soins et accuse un jour avec violence l'équipe soignante de ne pas faire tout ce qu'il faut pour son petit-fils : «s'il meurt, ce sera de votre faute!»

Cette lourde accusation provoque une réunion du service centrée sur le cas de Benoît, et une nouvelle stratégie est élaborée : d'une part, essayer de rompre la dépendance de Benoît vis-à-vis de la sonde qu'il réclame sans cesse, d'autre part, tenter une thérapie. L'enfant et la mère ont donc entamé séparément une thérapie; Benoît se met à dessiner beaucoup, pendant et hors séance, et la mère qui était très angoissée commence à être plus sereine par rapport à la maladie de son fils (autant que cela se puisse). Quant à la sonde, on annonce à Benoît que la «machine à broyer les aliments» vient de tomber en panne et qu'il faut donc qu'il se nourrisse seul. Les résultats, sans être catastrophiques, ne sont pas probants et l'enfant continue à réclamer la sonde. Une nouvelle tactique est adoptée, celle de la nourriture libre; il mange ce qu'il veut, quand il veut. Son choix se porte sur les cacahuètes, les frites et les bananes (ce qui déclenche à nouveau le courroux de la grand-mère) et il arrive ainsi à s'alimenter un peu.

Mais on découvre des métastases aux jambes et l'angoisse de la mère redouble; elle veut sans cesse le porter pour lui éviter une chute fatale mais Benoît ne comprend pas pourquoi on le restreint dans ses mouvements. Il veut aller à l'école comme son frère d'un an plus âgé que lui. Les médecins pensent que son avenir est court et sombre, qu'il faut l'inscrire à l'école s'il le souhaite; sa mère refuse énergiquement.

Les phases d'agressivité et d'indifférence totale se succèdent chez Benoît. Il a une attitude protectrice vis-à-vis de sa mère, ne voulant pas qu'elle se fatigue en le portant, lui parlant fort et lui demandant toujours si elle a bien entendu. Par contre, les visites de la grand-mère ne se passent pas toujours bien; il est agressif avec elle, refuse parfois de la voir.

Il réclame avec plus d'insistance la sonde : «tu vois, je vomis, remets moi ma sonde». On sent Benoît très las et pas seulement physiquement; à quatre ans maintenant, il doit assumer une histoire, (une tradition) familiale très lourde, les hommes y meurent d'un cancer les uns après les autres.

Ainsi, le sentiment de culpabilité constituera comme la trame de la relation triangulaire entre l'enfant mourant, ses parents et l'équipe soignante. Non seulement il sera particulièrement prégnant mais son caractère insupportable favorisera des tentatives de transfert, chacun essayant de se soulager en imputant à l'autre une responsabilité dans cette situation.

Mais admettre que l'enfant peut avoir une connaissance de sa mort, c'est reconnaître qu'il participe à cette expérience «inquiétante et fascinante» à laquelle le soignant, adulte, n'a pas accès. C'est admettre aussi une sorte de renversement des rôles, une inversion dans la hiérarchie, dans l'ordre de la connaissance.

Mais ce renversement des rôles va plus loin; c'est l'enfant auquel on doit généralement assistance et protection, qui témoigne souvent de plus de lucidité et de courage face à la négation et à la fuite des adultes. Cette inversion des rôles ira parfois jusqu'à son terme, l'enfant devenant en quelque sorte le protecteur de son entourage, prenant sur lui de taire ses interrogations, ses angoisses, jouant alors le rôle que les adultes attendent de lui. Ginette Raimbault affirme même que l'enfant protège l'adulte, comme le fait Gilles, «l'enfant au puzzle» en ne parlant jamais de ses problèmes et de ses angoisses à sa mère.

Ainsi, volent en éclat, non seulement la conception que l'adulte a de l'enfant, mais aussi l'image qu'il a de lui-même quand il se découvre plus ignorant que celui qu'il est chargé d'éduquer, plus vulnérable que celui qu'il est chargé de protéger.

Mourir en réanimation

Si l'enfant mourant interpelle le soignant dans son humanité, au point qu'il en oublie parfois ses capacités techniques, ou du moins que celles-ci deviennent comme accessoires, le mourant dans un service de réanimation exige, au contraire, que soient mobilisées toutes les capacités techniques de l'équipe. Son silence, l'absence de toute relation formelle semblent établir les conditions d'une attitude essentiellement technique, débarrassée des émotions et des affects. Ces deux situations, en apparence diamétralement opposées, ont en commun des caractères paroxystiques; dans un cas, le paroxysme de l'émotion, dans l'autre, la problématique de l'institution hospitalière par rapport à la mort, problématique poussée à ses extrêmes limites. Le soignant devient alors le dernier maillon, la dernière syllabe du discours de dénégation au sein de l'institution hospitalière qui a mission d'exorciser la mort; il est donc, dans un service de réanimation, le dernier exorciste. A ce titre, il subit de plein fouet le problème crucial du choix de vie ou de mort. L'euthanasie et l'acharnement thérapeutique ne sont plus les termes d'un débat abstrait et/ou idéologique, mais une réalité douloureuse qu'il lui faut parfois assumer.

Les services de réanimation sont, plus que tout autre, lieu de la dernière chance, celle pour le malade d'une restauration ou d'une guérison et celle pour l'hôpital de différer l'échéance qui bouleverse son fonctionnement. C'est donc un des derniers endroits où l'institution hospitalière refoule la mort. On ne peut manquer de constater le parallélisme qui existe entre la démarche qui conduit le corps social à transférer à l'hôpital la charge des malades gravement atteints et celle qui, à l'intérieur de l'institution hospitalière, fera du service de réanimation le lieu où sera finalement géré le risque de mort. Ces situations manifestent tout à la fois la puissance et l'omniprésence du tabou qui suscitent, chez chacun de ces spectateurs obligés, le désir de s'en défaire. Cette volonté de mise à distance peut instituer, comme nous l'avons vu plus haut, une circulation du malade, circulation qui aboutira presque toujours en réanimation. Chaque service peut ainsi être tenté de ne pas avoir à assumer le mourir d'un de ses malades et de faire baisser le taux de mortalité du service. C'est ainsi que ces services de réanimation sont tout à la fois des lieux de concentration des capacités techniques de l'hôpital, mais aussi de concentration de la mort.

Ainsi, l'hôpital s'organise selon le même modèle que la société, suscitant en son sein une structure de confinement où la mort peut être, sinon définitivement oubliée, du moins mise à l'écart. Que les justifications objectives soient indiscutables n'enlève rien à la réalité des autres motivations. Mais on conçoit dès lors que les soignants, dans cet hôpital au superlatif qu'est un service de réanimation, soient soumis à un faisceau d'attentes très fort, à une agression bien plus importante encore que leurs collègues des autres services. Ils subissent en effet la pression du milieu environnant qui leur confie, en dernier ressort, le soin d'écarter la mort. Les moyens techniques dont ils disposent, rendent effectivement possible cette mission, mais peuvent engendrer la tentation d'un acharnement thérapeutique, comme pour relever un défi mais aussi pour tenter d'échapper à cette fatalité que tous rejettent. Ces faisceaux d'attentes, joints au degré de technicité, vont générer une mentalité spécifique à ces services, et par là, modifier la conception de la relation avec le malade. Et c'est cet aspect-là qui nous intéresse tout particulièrement.

L'omniprésence des machines qui sont largement les médiateurs entre les soignants et les malades, altère, et parfois élimine toute relation directe. Cette technicité, se situant presque toujours dans un contexte d'urgence, est peu propice à l'établissement de cette relation et peut atténuer les sentiments d'angoisse et les interrogations du personnel hospitalier. Enfin, l'état du malade souvent inconscient (dont certaines fonctions vitales sont désormais prises en charge par une machinerie extérieure) paraît écarter le risque de toute implication affective. Ainsi se trouvent réunis les éléments d'une situation paroxystique où, pour le soignant, le «faire» prime plus que jamais sur «l'être» ; dans un contexte où la relation interpersonnelle a totalement disparu, le malade devient objet de soins par excellence, élément de la machinerie qui véhicule les dernières manifestations de son existence.

On a ainsi le sentiment qu'on a atteint dans l'univers artificiel d'un service de réanimation, une forme «satisfaisante», en ce sens que l'implication personnelle du soignant serait largement évacuée, de même que l'angoisse du mourant, du fait de son inconscience.

Mais, malgré les réticences, très vives au début, à évoquer ce sujet, apparaissent en formation comme des fêlures qui lézardent cette construction apparemment cohérente, montrant qu'au-delà d'une présentation rationnelle des choses, des tensions se manifestent.

Pourtant, le décor technique n'empêche pas que l'objet de soins demeure une personne humaine, que l'implication affective puisse intervenir et détruire la froideur de l'ordonnance. Les efforts pour maintenir la vie, surtout quand l'espoir de rémission est objectivement nul, peuvent être ressentis comme une atteinte à la dignité du malade, fût-il inconscient. Mais, capable de différer «sine die» la mort totale du malade, celle-ci relevant désormais d'une décision, l'équipe soignante se trouve fréquemment confrontée à l'alternative de l'acharnement thérapeutique et de l'euthanasie. En outre, compte tenu de la capacité forcément limitée de ses services, l'équipe sait qu'à tout instant, elle peut être obligée, pour faire face à l'accueil d'un nouveau malade, de «débrancher» celui dont les chances sont les plus faibles. Cet objet de soins redeviendra au moment de cet acte, une personne sur laquelle on exerce un pouvoir de mort. Que les motifs soient totalement licites, que cet acte possède toutes les justifications car il s'agit de tenter de sauver quelqu'un d'autre, n'empêche qu'en aucune manière, et au-delà du sentiment d'échec, cet évènement soit bouleversant.

Lorsque les chances de restauration paraissent désormais nulles, que la dégradation physique devient de plus en plus prononcée jusqu'à être insoutenable, il ne suffit pas d'attendre passivement une fin que les machines diffèrent, mais bien de poser un acte, fût-ce en se limitant à des soins palliatifs. Lorsque l'équipe soignante (et non l'équipe médicale) a l'impression, toute subjective parfois, que continuer les soins de réanimation devient de l'acharnement thérapeutique, elle se trouve confrontée à deux choix contradictoires, tout aussi inacceptables l'un que l'autre, la poursuite vaine des efforts entrepris et l'euthanasie passive ou active. Ainsi se trouve refermée comme un piège, la boucle de la circulation de la mort qui avait été confiée par la société à l'hôpital, à charge pour lui de la gérer, par l'hôpital à quelques services spécialisés, et enfin, au sein de ces services, à quelques personnes qui devraient assumer en dernier ressort les défaillances successives de toute la chaîne. On conçoit quels désordres personnels et collectifs peut entraîner la prise en charge de cette responsabilité :

> – Isabelle, infirmière dans un service en réanimation a été très bouleversée par la mort d'une petite fille dans son service. Elle a elle-même une fillette du même âge qui, peu de temps après ce décès, a une maladie infantile sans gravité. Sa mère vivra dans la terreur d'un arrêt cardiaque, ne dormant pratiquement plus, réveillant même l'enfant pour s'assurer qu'elle vit toujours. Sa santé physique et nerveuse se dégrade à tel point que son service, pour la rassurer, lui prête un monitoring. Sa fille vivra ainsi plusieurs semaines sous ce contrôle alors que cela n'a jamais été nécessaire. On mesure aisément l'impact sur l'enfant des désordres maternels.

On constate d'ailleurs qu'une ultime tentative de circulation de la responsabilité interviendra entre les derniers récipiendaires L'équipe soignante sommera le médecin de prendre une décision mais s'il la prend, ira parfois jusqu'à exiger qu'il l'exécute lui-même, fût-ce en contradiction avec les pratiques professionnelles qui veulent que le médecin prescrive et les soignants exécutent la prescription, pratique qui, dans tous les autres cas, est parfaitement acceptée.

Dans cette situation, la solidarité qui est un des éléments fondateurs de l'équipe soignante et vise à diluer l'angoisse, vole en éclat, laissant face à cette crise majeure, des individus isolés avec leur ressentiment et leur angoisse.

Permettre la reconstitution de l'équipe par une reprise de dialogue, sera un des objectifs de la formation; elle s'appuiera sur une analyse des pratiques de ces situations conflictuelles pour constater que le désir individuel d'écarter, de transférer la responsabilité d'une décision, laisse obligatoirement chaque individu face à sa propre angoisse, à sa culpabilité, et instaure un type de relation fondé sur le ressentiment. La réflexion collective qui fera rarement l'économie d'attitudes agressives est, par contre, un moyen de dépasser les seules réactions instinctives et passionnelles, fondant ainsi la décision sur une analyse plus raisonnée des situations où chacun peut apporter son point de vue et entendre celui de l'autre.

On peut assigner à la formation un autre objectif, celui de donner un sens à leur malaise, de comprendre que celui-ci découle très directement d'une situation qui accentue jusqu'à la caricature, l'ambivalence du système. Ainsi, leur désarroi n'est pas le signe d'une incapacité, d'une faiblesse mais bien la conséquence naturelle d'une conjoncture qui accentue la contradiction fondamentale de l'institution hospitalière; non seulement le soignant est le spectateur obligé de la mort de l'Autre, mais il se trouve en situation de contester le bien-fondé de ses propres efforts, de constater que la mort est désormais la seule issue souhaitable, issue qu'il lui appartiendra peut-être de précipiter. Le déphasage est alors complet entre son être social pour lequel la mort devrait rester cachée et son être professionnel qui aura peut-être à la donner.

Si la formation n'avait pour but que d'améliorer le «confort» des soignants, il serait sans doute suffisant d'aider ceux-ci à mieux saisir les causes et la genèse du malaise qui les assaille. Mais il s'agit aussi de prendre en compte les besoins des malades, d'améliorer la manière dont ils sont soignés et accompagnés dans leur dernière étape, même si à cette occasion, une remise en cause des attitudes du personnel hospitalier et du fonctionnement du service bouleverse un statu quo qui minimise l'implication personnelle du soignant.

Cette démarche conduira tout d'abord à saisir l'impact pour le malade, de l'univers artificiel dans lequel il vit[3]. Quand le temps est à peine rythmé par l'alternance des jours et des nuits, quand les visites sont réduites à quelques heures par semaine si elles ne sont pas interdites, quand les soignants eux-mêmes, habillés de pied en cap, souvent masqués, ne sont plus que des silhouettes interchangeables dont seuls des yeux sont visibles, quand toute intimité disparaît et que même les battements du cœur apparaissent sur les écrans au regard de tous, quand les fonctions vitales sont relayées ou même assurées par des machines, alors plus rien ne les rattache à la vraie vie.

Les soignants reconnaissent d'ailleurs qu'il leur faut parfois faire un effort pour détacher les yeux des cadrans et des écrans et regarder directement leurs malades, comme si les paramètres que véhiculent ces indicateurs devenaient l'expression principale du corps malade. Il n'est plus dès lors qu'un des éléments de cette machinerie, élément qui peut devenir accessoire lorsque l'urgence ou la gravité d'une situation oblige à des actions qui paraîtront mieux guidées par les informations objectives, que par un examen direct du malade. Que dire alors de ce malade prolongé par des fils et des tuyauteries, sentant sa vie partagée entre un corps défaillant et des machines qui la maintiennent, trouvant peut-être de moins en moins le contact avec d'autres hommes. On peut aboutir ainsi à une sorte de perversion si, en même temps qu'on tente de sauver le malade, on lui retire peu à peu son humanité. Que les soignants confrontés à ce type de problème, utilisant ces appareils sophistiqués qui font le prestige de l'hôpital, aient reçu une formation qui fait d'eux d'excellents serviteurs de la Machine, sans qu'à aucun moment une tentative de compréhension du malade subissant cette expérience n'ait été faite, montre bien la manière dont l'institution focalise encore trop son attention sur le corps malade, négligeant de l'intégrer dans une perspective globale.

Mais les progrès récents et encore timides dans la connaissance de la vie intérieure d'un malade dans le coma, réputé inconscient, vient encore renforcer l'angoisse des réanimateurs. Le fait que le comateux ne soit pas en état d'émettre, de communiquer, n'empêche pas qu'il puisse à certains moments percevoir son environnement, tout particulièrement dans le cas de coma vigile. Or, la relation avec le comateux est vécue par les soignants comme essentiellement unilatérale. Lorsque les «langues se délient», des témoignages, tant professionnels que personnels, interviennent; témoignages professionnnels par des souvenirs de malades qui, une fois sortis du coma, restituent avec une extrême précision des situations que l'équipe soignante a vécu comme acteurs autour d'un «objet» réputé sans conscience. Ces témoignages font état fréquemment d'une agressivité de l'ancien comateux accusant les soignants de l'avoir, par leur attitude et leurs paroles, découragé en laissant penser que la lutte qu'ils menaient pour le sauver était vaine. Ce type de situation, beaucoup plus fréquent qu'on ne l'imagine, permet de comprendre l'agressivité, l'angoisse que manifeste le malade après un coma, mais aussi combien les réactions de ceux qui peuvent émettre vis-à-vis de celui qui n'est qu'un récepteur, conditionnent parfois sa capacité à se battre pour vivre. Louis-Vincent Thomas affirme même que «la trajectoire du mourant n'est pas tant la forme et la vitesse que prend de fait l'état physique du malade pour aboutir à la mort, c'est la forme et la vitesse d'un état physique du malade telles qu'elles sont anticipées par le personnel, le médecin, la famille, éventuellement par le malade lui-même»[4].

Il arrive assez fréquemment au cours de la formation, qu'un soignant exprime pour la première fois l'expérience de *son* coma, expérience que jusqu'alors il n'avait pu partager ni avec ses propres soignants, ni avec ses collègues, ni avec ses proches. Il aura fallu la provocation à une réflexion que constitue la formation, mais aussi l'ambiance de confiance et la réciprocité des échanges, pour que s'exprime une expérience marquante :

Elsa, la jeune accidentée de la route

Elsa, âgée de 26 ans, a un accident de voiture au cours duquel elle est grièvement blessée. Le SAMU, alerté, lui prodiguera les premiers soins et la transportera, dans le coma, au service de réanimation de l'hôpital le plus proche. Elle n'a pas de lésions internes, mais une fracture du bras et surtout un traumatisme crânien provoquant un coma. L'équipe médicale ne cache pas à son mari que les pronostics sont pessimistes. Contre toute attente, elle reprend conscience après 12 jours de coma; mais l'accident a laissé de lourdes séquelles puisqu'elle est paralysée des deux jambes. Une rééducation est entreprise pour tenter de récupérer un peu de mobilité mais ne donne aucun résultat malgré les efforts du kinésithérapeute pendant deux mois. Ses relations avec l'équipe soignante ne sont pas excellentes car c'est une malade repliée sur elle-même et qui passe alternativement par des phases d'agressivité à l'égard de son entourage puis d'abattement. Ce comportement est jugé légitime par l'équipe soignante qui essaie de l'aider à accepter cette nouvelle situation et à réorganiser sa vie en conséquence. Devant le relatif échec de cette aide, il est décidé de faire appel aux services de la psychologue de l'hôpital pour des entretiens de soutien auprès de la jeune femme.

De son côté, Elsa raconte :

«Au moment de mon accident j'ai vu les gens s'affoler et crier autour de moi, certains affirmant que j'étais morte. J'essayais de leur dire que c'était faux, mais j'étais trop faible. Dans l'ambulance, je ne voyais qu'un visage qui se penchait au-dessus de moi et je trouvais qu'il ressemblait étrangement à mon frère Michel.

Arrivée à l'hôpital, nouvel affairement, bousculade; j'ai très mal au bras et je suis si fatiguée que je voudrais qu'on me laisse dormir tranquille. J'ai dû m'assoupir, car je n'ai pas vu arriver mon mari qui est là maintenant, bouleversé, affolé. Je voudrais le rassurer mais je dois parler trop bas car il ne m'entend pas et ne me répond pas.

Je suis à nouveau réveillée par deux personnes venues s'occuper de moi; au moment de partir, l'une d'elle fait une pose au pied de mon lit et, me regardant, dit à sa collègue : «et dire qu'elle laisse une petite fille de 2 ans, c'est moche.» L'angoisse et la panique me saisissent, car je comprends alors qu'ils me croient perdue, qu'ils ne vont pas tout faire pour me tirer de là. Chaque fois que quelqu'un est près de moi, j'essaie de parler, de crier, mais personne ne semble m'entendre. Je suis angoissée, désespérée; seul mon mari va pouvoir me comprendre. Je décide qu'à sa prochaine visite, je le regarderai intensément pour qu'il comprenne que je suis consciente, que je ne vais pas mourir. Je mets mon projet à exécution et rassemble toutes mes forces pour me tourner vers lui. En effet, son visage change d'expression, il se lève et part en courant : «venez vite, elle est en train de mourir!»

Mon découragement et ma révolte sont à leur comble; il faut donc que je me batte toute seule.

Quelques temps plus tard je vais mieux, je peux communiquer avec les autres qui m'expliquent ce que je sais déjà, l'accident, le coma. Mais je leur en veux pour leur «défaitisme» (sic) et leur attitude à mon égard. Très vite, on s'aperçoit que mes jambes ne répondent plus bien, mais on ne me donne pas beaucoup d'explications sinon que la rééducation entreprise pourra m'aider à récupérer un peu de mobilité.

Mes relations avec mon mari sont faussées; je sens qu'il ne me dit pas tout et de mon côté je ne peux oublier ses réactions; comment a-t-il pu croire que j'allais mourir alors que c'était le contraire ? même si, intellectuellement, je peux comprendre son désarroi à ce moment-là, je ne lui pardonnerai jamais ses réactions.

Ma rééducation ne progresse absolument pas; je suis révoltée et déprimée à l'idée d'être, à 26 ans, dans un fauteuil roulant pour le restant de mes jours. Tout le monde à l'hôpital me dit d'être courageuse et raisonnable. Comme ils ne savent pas que faire pour moi, ils m'envoient à la psychiatre du service à qui j'ai dit tout ce que je pense de leur attitude à tous. Elle me dit que ce n'est pas à elle, mais aux personnes concernées qu'il faut que je l'exprime. Ce sera vite chose faite avec l'équipe, mais plus difficile comme démarche avec mon mari. Pourtant un jour «je franchirai le pas» (sic) et lui dirai tout mon ressentiment. Il en sera très étonné et secoué.

Pour leur prouver que leur «défaitisme» n'était pas de mise, je m'accroche à ma rééducation et je réussirai!»

Elsa a bien franchi le pas, puis un autre et un autre; elle a quitté définitivement son fauteuil roulant.

Si les progrès techniques ont été immenses au cours des dernières années et la connaissance médicale du coma de plus en plus affinée, l'exploration psychologique, la connaissance des émotions des personnes dans le coma restent singulièrement pauvre. La formation met en évidence l'importance et l'urgence d'une remise en cause des notions de conscience et d'inconscience, même si cette réflexion débouche sur de nouvelles interrogations, voire de nouvelles angoisses, car constater que le malade dans le coma peut «vivre» consciemment et émotionnellement cette situation, suppose que soit élaborée une réponse dont il faut bien admettre qu'elle n'a rien d'évident.

NOTES

[1] «L'adulte méconnaît le savoir de l'enfant sur la mort, de même qu'il méconnaît son savoir sur la sexualité», Ginette RAIMBAULT, *L'enfant et la mort*, Privat, Toulouse, 1977, p. 35.
[2] Ginette RAIMBAULT, *l'enfant et la mort*, p. 30.
[3] De nombreux services de réanimation sont situés dans les sous-sols de l'hôpital, constituant un univers sans fenêtre sur le monde extérieur et donc sans référence au temps (saison, jour/nuit); quel symbole "d'enterrer» ceux dont l'état est le plus critique!
[4] Louis-Vincent THOMAS, *Anthropologie de la mort*, Payot, Paris, 1980.

Chapitre 4
De la mort cachée à la mort donnée

Jusqu'alors, dans les services de réanimation la démarche était claire : lutter envers et contre tout, la fatalité se chargeant de la conclusion. Aujourd'hui déjà, demain certainement, c'est à une alternative que se trouvent confrontés les soignants qui doivent (devront) choisir entre l'acharnement thérapeutique et l'euthanasie. Ces deux termes sont pris ici dans un sens qui peut paraître provocateur mais résument pourtant la conséquence du progrès qui, en même temps qu'il arme de mieux en mieux les soignants, leur donne le pouvoir de différer «sine die» la mort totale.

Le concept même d'acharnement thérapeutique traduit le fait que l'activité de soin qui est la raison d'être du médecin et plus généralement du personnel hospitalier, peut dans certains cas, faire l'objet de critiques ou à tout le moins de questions. Tout tenter du moment qu'il reste une étincelle de vie, n'est pas nécessairement à l'abri d'interrogations. Mais a contrario, mesurer les efforts en pensant qu'une vie n'est pas récupérable peut être ressenti comme un acte d'euthanasie, passif peut-être, mais qui érige en juge celui qui le pose. Bien plus, la demande d'un malade que ses souffrances conduisent à souhaiter la mort, interpelle les soignants dont les actes contredisent ce souhait. Nous ne voulons pas prendre parti dans ce débat qui concerne le fondement même de la personne humaine, qui se pose à de nombreux plans, en particulier philosophique, moral et religieux; nous voulons noter qu'il se pose de manière concrète et demain sans doute de façon répétée, à un nombre croissant de soignants. Que certains services aient la possibilité d'éluder la question en entraînant le malade dans une sorte d'escalade jusqu'à un sommet de technicité, ne fait que transférer le problème à d'autres; les services de réanimation et plus généralement de soins intensifs se trouvant alors confrontés aux problèmes que d'autres ont fui.

Ainsi l'organisation hospitalière et les progrès de la technique médicale qui permettaient la lutte difficile mais exaltante contre la fatalité de la maladie et de la mort, placent désormais les soignants dans une situation nouvelle et angoissante. Ils étaient jusqu'alors les témoins de la fatalité; ils peuvent se trouver contraints à en devenir les acteurs, voire les décideurs; l'angoisse qui en résulterait, dépasserait largement celle qui les assaille quand ils constatent leur impuissance.

Les perspectives qu'ouvrent aujourd'hui le progrès des connaissances et la puissance technique, semblent reculer les limites de la fatalité et placent le soignant (le malade aussi) devant des responsabilités nouvelles. La mort acceptée comme la mort cachée, restaient l'apanage de la fatalité; or se profile désormais, accompagnant le progrès, le concept d'une mort «décidée». Nous nous référons ici à une situation qui va se développant, où la possibilité de maintenir artificiellement «en vie» un malade, malgré l'intime conviction que rien ne pourrait restaurer pour lui une vie qui en vaille la peine, conduit les réanimateurs à s'interroger sur le sens, voire l'opportunité de leurs efforts.

Certes, cette problématique reste confinée; elle n'apparaît que très rarement hors du contexte hospitalier où même là, elle n'est présente que dans quelques services. Mais l'impact pour ces réanimateurs n'en est que plus fort. Il ne leur appartient plus désormais de gérer une mort que la société refuse, d'affronter le tabou, mais bientôt de décider de manière passive ou active qu'il y a lieu d'interrompre une existence.

On avait constaté la distorsion existant entre la négation de la mort par la société et l'obligation pour les personnels soignants de l'assumer. La distance devient dès lors beaucoup plus grande entre l'attitude découlant de la pratique professionnelle en réanimation et la mentalité ambiante à laquelle les soignants eux-mêmes adhèrent. Dans ces services, s'impose progressivement une nouvelle conception de la mort, celle de la mort «décidée». Ils sont comme des laboratoires où s'expérimente de manière sauvage une nouvelle forme de la relation de l'homme à la mort; manière sauvage car elle ne s'insère dans aucune réflexion structurée alors qu'elle touche aux aspects les plus profonds des comportements sociaux et individuels. Les réanimateurs subissent de plein fouet la brutalité de cette situation qui bouleverse les pratiques et l'échelle des valeurs. L'irruption de la technologie médicale ne s'accorde pas avec la très lente évolution des mentalités, évolution qui jusqu'alors ne se faisait qu'à l'échelle du siècle et dépassait donc les capacités de la mémoire individuelle; elle devrait désormais s'effectuer sur quelques années. Cette accélération, liée au progrès qui affecte tous les domaines de l'activité et de la pensée humaine, aura rarement un impact aussi fort que dans le domaine touchant la mort.

L'EQUIPE SOIGNANTE PROTEGE LE SOIGNANT

On peut penser que, face à tant de sollicitations émotionnelles et affectives, le soignant cherche refuge et protection auprès de son équipe. Or le complot du silence comme le refus de partager les émotions avec le malade, engendre trop souvent les mêmes attitudes au sein de l'équipe. Le non-dit s'étend et contamine aussi les relations de l'équipe et le soignant n'est pas moins seul que ses malades. Pourtant, se manifestera une certaine solidarité lorsqu'il s'agira de déjouer les ruses du malade qui cherche à mieux connaître la réalité de sa situation. Est-ce à dire que la seule fonction de l'équipe est médicale et son organisation une manière de répartir les tâches? nous ne le pensons pas. Sans nier cette finalité, il nous paraît en exister une autre qui est une fonction de réassurance, l'équipe soignante étant destinée à se soigner elle-même.

«Dès qu'il s'agit de maladies graves, à manifestations dramatiques ou spectaculaires, le soignant est soumis à des sollicitations affectives massives. Il s'en défend en s'entourant de bilans et de renseignements ‹objectifs› dont l'utilité est quelquefois douteuse. Il s'en défend surtout en s'entourant d'une nuée d'assistants et de consultants de divers acabits : la réassurance du groupe soignant — sous la bannière de la notoriété scientifique d'un grand service — permet la réassurance du soignant»[1].

Cette affirmation peut paraître exagérée et contradictoire. Exagérée, car il est malaisé d'admettre que l'objectif fondateur de l'équipe soignante soit sa propre réassurance. Elle apparaîtrait comme un univers centré sur lui-même et faisant peu de cas de sa fonction sociale, le malade. Contradictoire, car cet égocentrisme de l'équipe cadre mal avec les possibilités d'implication affective profonde dans la relation du malade et de son soignant privilégié, du soignant avec le malade élu. Pourtant, si l'on décode les paroles des soignants en formation, (et quelquefois le décodage est facile) ces deux attitudes co-existent. L'histoire de Christine et du vieux monsieur, celle de Bernadette et de l'artisan en témoignent.

Bernadette et l'artisan

Bernadette, 30 ans est infirmière dans un service de réanimation; lors d'une formation, elle fait part au groupe d'une expérience de relation avec un malade et qui l'a profondément marquée. Elle raconte :

«un homme de 50/55 ans est arrivé en réanimation en fin de matinée; il avait eu un cancer de la gorge six ans auparavant, entraînant des spasmes de la trachée qui faisaient qu'il s'étouffait. J'avais été alertée au téléphone par l'interne du service où il se trouvait : ‹c'est un homme très gentil (sic) il s'étouffe, je ne peux me résoudre à fermer la porte et qu'il meure; il faut faire quelque chose pour lui, c'est un homme qui mérite qu'on fasse tout pour le sortir de là, je vous le confie›.

J'ai été surprise par cette démarche inhabituelle de la part d'un interne, c'est en général la surveillante qui nous prévient. Quand il est arrivé, nous l'avons effectivement trouvé sympathique et avons mieux compris l'appel téléphonique. Nous l'avons tiré de là, pourtant, vu l'emplacement du cancer, il avait aussi des difficultés pour se nourrir; mais il ne se plaignait jamais. Tout le monde trouvait qu'il était encore en forme et que décidément il ne méritait pas de mourir. Très vite un climat de confiance s'est installé entre lui et moi, et je m'étais arrangée pour que ce soit moi qui aie à m'en occuper. Artisan, il me demandait s'il mettrait longtemps à se rétablir mais à part cela, il ne parlait pratiquement jamais de sa maladie.

Après 12 jours dans le service, il s'est plaint de vives douleurs au ventre et la nuit suivante il a eu un malaise en se levant seul. Le lendemain matin, nouveau malaise alors que je l'accompagnais aux toilettes. Au cours de son évanouissement, il s'est souillé avec des traces d'hémorragie. Pour lui, ceci est apparu comme un premier signe de déchéance et il s'est mis à pleurer doucement. Pour moi, c'était la confirmation que les choses empiraient très vite du fait surtout de l'hémorragie. J'ai réussi à le ramener dans son lit et lui m'aidait de son mieux. Je l'ai nettoyé de manière à ce qu'il soit propre et que les autres ne le voient pas dans cet état, qu'il garde sa dignité. Ceci devait rester entre lui et moi. Quand j'ai tout remis en ordre, j'ai prévenu le médecin». Le groupe ici intervient : ‹comment se fait-il que tu n'aies pas demandé d'aide, cela a dû prendre pas mal de temps?›

‹Oui reconnaît Bernadette, environ une heure mais je ne supportais pas l'idée que quelqu'un d'autre le touche, lui fasse sa toilette›. Elle poursuit : ‹son épouse a été alertée et est venue aussitôt; il lui a rapidement demandé de partir car il se sentait fatigué et voulait dormir. J'étais très contente qu'elle s'en aille, elle n'aurait pas compris ce que cela représentait pour lui, c'était un homme sensible; après le départ de sa femme, nous avons longuement parlé ensemble.

Ceci se passait la semaine qui précédait le week-end de Pâques et il était convenu qu'il le passerait chez lui si son état le permettait. Nous avons mis en place un nouveau traitement car tous, nous voulions qu'il puisse rentrer chez lui comme convenu; son état s'améliorait et il disait même : ‹quand j'irai mieux j'irai à la pêche›. Il a effectivement pu partir et je lui ai souhaité un bon week-end; lui m'a beaucoup remercié de ce que j'avais fait pour lui et il m'a dit : ‹on ne se reverra peut-être plus mais on pensera l'un à l'autre par là› (en désignant sa tête ou le ciel). Je suis moi-même partie en week-end mais inquiète et j'ai même téléphoné plusieurs fois pour savoir s'il n'y était pas revenu en urgence. Le mardi en reprenant mon service, j'ai appris qu'il était mort chez lui le jour de Pâques. J'ai revu sa femme après, je voulais savoir comment il était mort. Elle m'a dit que le dimanche après-midi alors qu'il était avec ses enfants et ses petits-enfants, il a souhaité qu'on le laisse seul pour se reposer; on l'a trouvé mort quelque temps après».

Plusieurs éléments n'apparaissent pas dans la transcription de ce récit et qu'il faut cependant noter. D'abord, la grande émotion de Bernadette dont les larmes coulaient tandis qu'elle racontait. L'impression que le reste de l'équipe soignante avait accepté cette relation privilégiée, l'avait sans doute facilitée en prenant en charge spontanément certaines tâches, ce qui lui permettait de passer plus de temps avec «son» malade. Il ne faut pas oublier que ceci se passe dans un service de réanimation où l'intervention des infirmières est très fréquente, la charge de travail importante et sectorisée (chaque infirmière en réanimation a généralement la charge de 3 ou 4 malades); c'est dire aussi, que moins encore qu'ailleurs, les infirmières n'ont à assurer les tâches de nursing réservées aux aide-soignantes.

Le groupe a d'ailleurs marqué son étonnement qu'après le deuxième malaise, Bernadette ait assuré seule ce qui exigeait normalement un appel à l'aide pour réagir le plus vite possible et l'intervention d'une aide-soignante pour laver le malade, le recoucher, etc. Bernadette admet d'ailleurs qu'en faisant seule, et donc lentement, ce qui à plusieurs eût été plus rapide, en informant le médecin avec un certain retard, elle avait pris un risque, mais ceci lui paraissait secondaire, elle voulait tout d'abord préserver la dignité de ce malade. Il est apparu évident que si le malade n'avait pu quitter l'hôpital pour le week-end, elle serait restée et aurait changé son roulement avec une collègue.

Le récit, comme l'attitude de Bernadette, expriment beaucoup mieux que ne le fait cette transcription, l'intensité d'une relation mais aussi une espèce d'appropriation du malade, à tel point d'ailleurs qu'à un moment, le groupe lui a demandé si cet homme était seul dans la vie, manifestant une certaine surprise en apprenant qu'il avait une épouse et des enfants qui venaient le voir régulièrement.

Notons au passage que les derniers échanges entre l'infirmière et son malade appartiennent bien à ce qu'on peut appeler le langage symbolique des mourants.

Christine et le vieil homme

Christine, infirmière de 26 ans, éprouve le besoin, comme pour s'en libérer, de faire partager au groupe ce qu'elle a vécu quelques mois plus tôt :

«un homme de 70 ans environ, en phase terminale de cancer est accueilli dans le service de médecine générale de Christine car, célibataire, sans famille immédiate, il ne peut rester seul chez lui — pronostic : moins d'un mois à vivre. Malgré sa maladie, il garde un aspect physique agréable, ‹il a du charme, il est gentil, discret, très soigné› dit Christine. Une relation privilégiée s'installe entre eux, ‹une grande amitié› affirme Christine; elle lui parle de ses projets de vacances, lui, raconte sa vie de viticulteur des Corbières, remarque son changement de coiffure... elle aime s'attarder dans sa chambre pour bavarder avec lui après son service; ils en arrivent même à se tutoyer et s'appellent par leur prénom.

Contre toute attente, non seulement il ne meurt pas, mais au cours des 2/3 mois d'hospitalisation, sa santé s'améliore suffisamment pour qu'il puisse retourner vivre seul chez lui après quelques temps en maison de convalescence.

— ‹tu me donneras de tes nouvelles, Christine, tu me téléphoneras au centre de convalescence›.

Dix jours après son départ, c'est lui qui l'appelle à l'hôpital mais elle est de repos ce jour-là. Elle est informée de cet appel par ses collègues et se promet de le rappeler; les jours passent et elle ne le fait pas. Un mois plus tard, au retour d'un week-end de repos, ses collègues l'informent qu'il a été à nouveau hospitalisé; ‹on veut te prévenir avant que tu ailles le voir, il a beaucoup changé, il est très mal›. Christine ouvre la porte, l'aperçoit dans son lit et referme aussitôt la porte.

‹ce n'était plus le même, ce n'était pas celui pour qui j'avais de l'affection, de l'amitié; celui-là il me révulsait, me dégoûtait; je lui en voulais de se montrer à moi sous cet aspect dégradé, d'avoir gâché l'image que j'avais de lui›.

Elle n'arrive plus à le soigner et ses collègues prendront naturellement le relais; elle ne peut même plus rentrer dans la chambre — lui l'appelle constamment, hurle son nom : ‹je l'entendais m'appeler jusqu'au bout du service : Christine, fais quelque chose pour moi, je ne veux pas mourir!› L'équipe renforce sa solidarité avec Christine jusqu'à affirmer au vieil homme qu'elle est en vacances, que ce n'est pas la peine de la réclamer. ‹Ce n'est pas vrai, j'ai entendu sa voix, j'ai reconnu son pas dans le couloir, pourquoi ne veut-elle plus me voir, pourquoi?›

La tension, la culpabilité et le ressentiment de Christine montent; elle souhaite sa mort rapide. En effet, le vieil homme mourra une semaine plus tard avec quelqu'un auprès de lui et en prononçant le nom de Christine».

Cette histoire témoigne de l'intensité des implications affectives et émotionnelles du soignant comme du malade; qu'il s'agisse, c'est la première phase de leur relation, d'une profonde amitié, d'une véritable affection ou bien dans un deuxième temps, d'un rejet total de la part de l'infirmière, malgré le sentiment de culpabilité qui se développe et alors que le malade réclame avec insistance une relation fusionnelle.

Si Christine explique ce rejet par la déchéance physique d'un ami, déchéance qu'elle ne peut supporter, il reste pourtant que les premiers signes de la rupture datent de la sortie de l'hôpital, au moment où Christine oublie de téléphoner à son vieil ami. Faut-il y voir le pressentiment d'une mort qu'elle ne se sent pas en mesure d'accompagner, ou plutôt un ressentiment, puisqu'en guérissant et en quittant le service, il l'abandonne?

L'attitude de l'équipe soignante qui, dans un premier temps, n'entrave pas cette relation, puis dans la deuxième phase, couvrira la fuite de Christine face aux implorations du malade, n'est pas neutre. Certes, c'est pour répondre à la détresse du malade que les autres soignants assurent auprès de lui une présence et ce jusqu'à sa mort, mais c'est aussi une manière de défendre Christine, d'atténuer son sentiment de culpabilité. Ici, l'équipe soignante remplit pleinement sa fonction de réassurance au bénéfice d'un de ses membres.

Ces deux témoignages mériteraient sans doute bien des lectures, entre autre psychanalytique, mais il manque le vécu de ces deux jeunes femmes, comme de leur malade; ce n'est d'ailleurs pas notre propos.

L'histoire de Bernadette, c'est l'histoire du malade élu qui va jusqu'à la captation. Elle montre combien peut être forte l'implication affective de la soignante quand celle-ci tente, d'une certaine manière, d'isoler le malade (présence de l'épouse) ou lorsqu'elle exécute des tâches qui sont du ressort d'une aide-soignante, sans demander d'aide.

Celle de Christine est peut-être plus encore la rencontre du malade élu et du soignant privilégié. Cette relation ne fait l'objet d'aucune censure par le service, bien plus, elle est sinon encouragée, du moins facilitée. Plus tard, quand Christine ne pourra plus la supporter, l'équipe soignante jouera pleinement son rôle protecteur, acceptant de lui éviter tout contact, aussi naturellement que quelques temps plus tôt, elle les avait favorisés. Même si cette histoire n'est pas banale, il faut bien constater que, dans ce cas précis, l'équipe s'est organisée en fonction de Christine, plus sans doute qu'en fonction de son malade.

On est ainsi amené à deux constats : le soignant, confronté à la demande du malade ou à son propre désir, pourra s'investir de manière plus ou moins complète dans une relation affective qui peut être bouleversante, ou la refuser, mais ce refus l'implique également. En même temps, il participe avec le reste de l'équipe à une fonction de protection qui joue au bénéfice de chacun des membres. Cette fonction de protection est plus que nécessaire, elle est vitale et elle est bien un des éléments fondateurs de l'équipe soignante.

La contradiction entre ces deux attitudes n'est donc qu'apparente, le processus de réassurance qui fait apparaître l'équipe soignante comme un univers centré sur lui-même et organisé en fonction de sa propre pérénité, fût-ce en contradiction avec ses objectifs apparents, est une réponse indispensable au risque individuel qu'encourt chacun. Ces deux attitudes se répondent et s'alimentent. C'est l'ampleur des risques qui détermine la nécessité impérieuse de la réassurance.

NOTE

[1] Daniel Kipmann.

2ᵉ PARTIE
DE QUOI MEURT-ON ?

> «qu'Achille ait versé des larmes sur Patrocle ne l'humilie que dans l'esprit des glorieux»
>
> Georg Groddeck

Chapitre 1
Pourquoi mourir ?

Le lecteur aura perçu que la stratégie de formation vise en particulier à donner aux soignants la capacité d'analyser leurs réactions, les moyens d'en déchiffrer les implications, en pensant qu'une meilleure compréhension de leurs pratiques professionnelles est la condition d'un mieux-être professionnel et personnel. Il ne s'agit donc pas uniquement de donner (de révéler) un ensemble de connaissances, mais de favoriser des démarches personnelles, de permettre une réflexion, une prise de conscience parfois.

En poussant cette démarche à la limite, le formateur pourrait ignorer tout ce qui a trait au malade, qui resterait un matériau intervenant dans sa seule interaction avec le soignant. La formation serait alors une école de mieux- être et il faut noter que la demande institutionnelle de formation n'est pas toujours étrangère à cette perspective.

Mais se limiter à cette seule dimension serait oublier, nier le caractère «moral» de cette activité professionnelle particulière, la relation de soin ne s'inscrit pas dans un système productif banal mais dans une structure organisée autour de la santé et de la vie de l'Autre. Ceci exclut que seules soient prises en compte les réactions du soignant sans lui proposer, non seulement de ré-examiner ses comportements avec son partenaire, le malade, mais aussi la manière dont il le perçoit, lui et sa maladie.

Ce nouveau mode de relation ne peut se construire sur le seul registre de la technique médicale, la plus souvent privilégiée dans la formation initiale du soignant. Il se devra d'intégrer les progrès relativement récents, découlant d'une approche psychosomatique. Améliorer par la formation la relation des soignants avec les grands malades, ce n'est pas habiller de couleurs plus chatoyantes des gestes techniques de soins, mais découvrir une autre dimension de la maladie et de la mort, reconnaître le caractère multiforme de la maladie qui affecte la personne humaine, tenter de répondre à la question : «de quoi est-on malade, de quoi meurt-on?», pas seulement par la description des désordres biologiques, mais en sachant aussi que la maladie est une expression globale de l'être. Il ne s'agit pas de contester la nécessité des soins et des traitements mais de les intégrer dans une démarche d'ensemble.

Ceci conduit également à prendre en compte la représentation que chacun a, souvent de façon inconsciente, de la manière dont il pense mourir et, pour reprendre l'expression d'Eric Berne, de sa mort scénarique.

Il faut en outre que soient mieux perçus et mieux compris le comportement et la psychologie du grand malade. Celui-ci est confronté à la dégradation physique, à l'apparition de handicaps et à la souffrance. Son image du corps (de son corps) est souvent altérée, bouleversée. Surgissent de nouvelles réactions de sa part et on peut parler d'une psychologie spécifique du mourant, jalonnée par les «phases psychologiques du mourir» qui, sans être des points de passage obligés, restent des jalons significatifs, tandis que se construit un nouveau langage, qui, pour être symbolique, n'en reste pas moins expressif.

On pourrait croire qu'il s'agit de mettre en place un corps de doctrine qui permettrait plus tard au soignant de porter un autre regard sur sa pratique professionnelle, ses relations avec le malade comme avec ses collègues. Ce serait oublier qu'il possède, et souvent bien plus que le formateur, l'expérience de ces situations; il les a vécues, elles ont pesé sur lui, pèsent encore comme un ensemble d'évènements incohérents (sans lien apparent) dont il perçoit une signification superficielle, et auxquels une grille de lecture conférera un sens. S'il est intéressant que le formateur et le groupe puissent, de temps à autre, aider à l'interprétation de situations vécues, rapportées par l'un d'entre eux, il est essentiel que chacun soit en mesure, grâce à des apports de connaissance ponctuels, de faire lui-même l'analyse de la situation qui l'interroge, lui pose problème ou dont il ne saisit pas le sens; ceci est particulièrement vrai pour les notions de psychosomatique et les phases du mourir.

En effet, les cas cités par les soignants portent le plus souvent sur des évolutions inattendues : une conclusion tragique à une affection qui paraît assez bénigne ou, au contraire, des guérisons ou des rémissions quand tout espoir est perdu. Ce n'est sans doute pas par hasard si, parmi les expériences que vivent les soignants, le dénominateur commun de ce qui est rapporté ne réside pas uniquement dans le caractère tragique, mais exprime le pressentiment, au-delà des explications médicales, d'un autre champ de compréhension.

Le récit de Leïla et la manière dont il fut transmis, témoignent bien sûr de l'impuissance ressentie par les soignants, mais aussi de leur incompréhension.

Leïla l'asthmatique, 24 ans, est originaire d'Algérie; elle fait de fréquentes crises d'asthme qui l'obligent à être hospitalisée. Parfois, des crises gravissimes se terminent en réanimation. Elle s'est mariée avec un Français à l'âge de 17 ans; son mari est plus âgé qu'elle, divorcé avec deux grands enfants qui vivent avec eux mais qui acceptent mal cette jeune belle-mère, algérienne de surcroît. Les deux familles ont désapprouvé et combattu ce mariage et ont réussi à les amener à une séparation. Elle est retournée en Algérie où sa famille l'a rejetée; elle donc revenue en France et a repris la vie commune avec son mari malgré l'hostilité active de sa belle-famille et l'alcoolisme croissant de son mari.

Les crises d'asthme se rapprochent et les hospitalisations sont de plus en plus fréquentes. Leïla est une habituée du service depuis plusieurs années. Toute l'équipe l'a prise en affection car «elle est gentille, discrète et pathétique» — elle se confie à certains, tricote pour d'autres. D'ailleurs, n'a-t-elle pas dit elle-même que le service était sa vraie famille? Elle demande avec insistance qu'on la garde définitivement à l'hôpital; d'ailleurs, elle déclenche souvent des crises au moment de la visite du médecin.

Son mari vient la voir régulièrement deux fois par semaine mais elle lui reproche de ne pas l'aimer et de l'abandonner; la visite se termine souvent par une dispute et une crise. L'équipe soignante trouve qu'elle est dépendante de lui; c'est lui qui connaît le détail de son traitement à domicile, pas elle.

Récemment, elle est hospitalisée en urgence pour une nouvelle crise, survenue au cours du séjour dans une maison de convalescence. Elle demande une interruption de grossesse, affirmant qu'elle a été violée «par trois espagnols» et souhaiterait que l'équipe soignante prévienne son mari à sa place. Devant leur refus, elle se décide à le faire elle-même au cours d'une visite qu'il lui fait à l'hôpital. Lorsqu'il lui dit qu'il faut porter plainte, une crise d'asthme se déclenche avec arrêt cardiaque et se termine en réanimation où elle a bien failli mourir.

Les médecins sont persuadés qu'elle mourra d'une prochaine crise, qu'ils ne pourront pas toujours la sauver.

On pressent donc que la question : «de quoi meurt cette femme?» n'appelle pas seulement une réponse physiologique.

La médecine a eu longtemps tendance à restreindre son champ d'action au seul corps en minimisant, voire en ignorant qu'une personne malade ne l'était en général pas exclusivement dans son corps. Cette démarche était, est encore, radicalisée par un découpage organique de la personne, conduisant à la limite à privilégier, non pas le corps, mais un organe. Si cette spécialisation a son origine dans un accroissement des connaissances, rendant de plus en plus difficile une approche synthétique, elle peut avoir pour effet de masquer les inter-actions des divers dysfonctionnements, et de rendre impossible une prise en compte globale de la personne malade.

Symétriquement, l'esprit serait laissé à d'autres spécialistes. Il est significatif qu'encore aujourd'hui, la démarche psychanalytique «classique» soit fondée pour l'essentiel sur l'expression verbale, en ignorant les autres «paroles» du corps.

Cette situation tend à se modifier au profit d'une conception plus globale de la santé et de la maladie, les médecins comme les malades admettant plus spontanément l'imbrication des phénomènes qui aboutissent à l'état de maladie, affection somatique, certes, mais aussi manifestation psychique. Il faut cependant noter que l'organisation même de l'institution hospitalière, par la spécialisation des services qui la constituent, ralentit cette prise de conscience.

Face à ces deux conceptions, deux démarches convergent et se font jour : le courant de la psychologie humaniste et l'approche psychosomatique. Si l'une et l'autre ont des origines qui diffèrent, elles refusent la dichotomie corps-esprit et cherchent à intégrer une seconde dimension. Pour l'une, l'individu ne s'exprime pas seulement par ses paroles mais par tout son corps, pour l'autre la plénitude, comme la déchéance corporelle, accompagnent et manifestent un état psychique.

Jusqu'au XVIIIe siècle, la médecine ne s'est pas beaucoup préoccupée de démêler dans les causes de la maladie, ce qui était manifestation purement corporelle ou encore expression de la psyché. A tel point qu'une typologie psychique a été souvent associée aux troubles physiologiques. On en trouve d'ailleurs des traces persistantes dans des expressions populaires (se faire de la bile, l'avoir sur l'estomac, il me donne des boutons....)

Il est intéressant de noter qu'en même temps que se développe et triomphe une médecine du corps et du corps seul, les premières interrogations se font jour.

Georg Groddeck apparaît comme le précurseur. Sa démarche pragmatique est celle du praticien, et s'il a été influencé par S. Freud, il demeure pour l'essentiel un médecin généraliste. Mais sa conviction (qu'elle soit présentée sous forme poétique et malicieuse ne gâte rien) en fait un visionnaire et les exemples, les cas qu'il décrit, justifient sa démarche [1].

Pour lui, combattre la maladie, ce n'est pas prendre des dispositions techniques, c'est la reconnaître comme une expression de la personne. La replacer dans son contexte, faire en sorte que le malade la reconnaisse comme telle, est une nécessité qui conditionne le choix thérapeutique, mais est déjà, par cette reconnaissance même, un geste thérapeutique.

«La maladie est pour Groddeck la ‹voie royale› dans l'appréhension de l'humain (...) elle est restée le domaine — le seul — laissé à la liberté de l'individu, où peut s'exercer ‹sauvagement› sa créativité. C'est incidemment, pourquoi chaque individu est si fier de ses maladies : s'en vante comme d'exploits accomplis envers et contre tous, par-devers soi. (...) La maladie est effectivement la ‹montagne magique› de l'individu, mais où celui-ci trop souvent meurt, sans même avoir compris comment et pourquoi.»

Il faudrait donc admettre que certaines maladies somatiques, même graves, seraient purement des manifestations de difficultés morales et l'on pourrait avancer avec prudence, l'hypothèse de maladie accidentelle et de maladie intentionnelle qui expliquerait des histoires de malades.

Pourtant, si les constats se rencontrent, il reste à trouver des clés qui les expliquent. Dans sa théorie de l'analyse transactionnelle, Eric Berne [2] fournit peut-être l'une d'entre elles par le concept de scénario de vie.

Eric Berne admet que l'individu formule, de manière souvent inconsciente, un projet quant au déroulement de sa vie (son scénario de vie). Cette notion fournit des explications non négligeables sur la génèse, le développement et l'aboutissement d'affections graves. Il affirme même que dans bien des cas, le scénario est largement déterminé par la scène finale, «la mort scénarique». Il accorde donc une place importante à la mort dans le scénario de vie d'un individu, et à ce titre, ses hypothèses, sa théorie, nous intéressent. Il donne une réponse, sa réponse, à la question : de quoi meurt-on? Pour notre part, nous avons souvent constaté, s'agissant d'histoires de malades comme de soignants, que cette hypothèse en fournissait des explications pertinentes. Il considère que chaque individu s'attribue un schéma général de vie, comprenant aussi son terme, comme un fil d'Ariane qui guiderait les grandes phases de son existence et sa fin. Il distingue trois types de scenarii, de gagnant, non gagnant et perdant, ce dernier alimentant particulièrement les hôpitaux, les prisons et les asiles psychiatriques. «Cliniquement parlant, les scenarii (de perdant) se réduisent à quatre possibilités : être un solitaire, être un bon à rien, devenir fou, trouver la mort»[3]. On peut rester sceptique devant ce genre de proposition, pourtant, qui n'a pas entendu ou dit : «il va au-devant des ennuis...»; pourquoi ce qui est implicitement admis comme schéma de comportement concernerait-il seulement les incidents courants de la vie et n'affecterait-il pas l'individu profondément?

Ce schéma, ce scénario, est largement déterminé par les parents, c'est-à-dire les personnes qui entourent l'enfant dans ses premières années. Il parle à ce titre de programmation parentale.

La vieille complainte semble donner raison à Eric Berne :

«J'me souviens ma mère m'disait

T'en vas pas chez les filles

J'me souviens comme elle me disait

Dans les prisons y'a des grilles....

Ils t'emmèneront trois par trois

Comme ils ont emmené ton père».

Les complaintes ne sont que des chansons mais elles sont porteuses, comme les contes de fées — d'autres y ont trouvé matière à expliquer l'âme humaine — d'une vérité qu'il serait vain de vouloir nier même si elle peut être caricaturale.

Si cette notion de programmation parentale nous intéresse, c'est qu'elle comporte aussi l'idée d'un aboutissement, ce qui est désigné sous le nom de mort scénarique, entraînant pour l'individu une hypothèse d'espérance de vie : la durée de vie névrotique.

Eric Berne cite une étude des causes de décès : «beaucoup de gens meurent quand ils sont prêts, l'infarctus du myocarde survient pratiquement sur un acte de volonté»[4]. Il est indéniable que la plupart des gens font reposer leur plan de vie sur une certaine durée de vie.

Nous avons pu constater que, proposant aux soignants en formation, d'imaginer le vieillard qu'ils seront, certains en étaient incapables, le justifiant comme à l'évidence par : «je ne peux pas, ma mère est morte à 42 ans». La plupart répondaient en décrivant, non pas le vieillard, mais la forme que prendrait leur mort, y compris l'âge auquel ils mourraient :

«je mourrai d'une crise cardiaque vers 75 ans»

«je dépasserai les 90 ans et serai en pleine forme»

«je mourrai jeune, folle et abandonnée de tous».

L'analyse de ce travail montre que l'espérance de vie qu'ils se donnent et le scénario de mort auxquels ils s'attendent, coïncident le plus souvent avec ceux d'un être proche. Ils expriment bien et de manière spontanée leur mort scénarique.

On comprend mieux alors la force de l'injonction dont la puissance ne découle pas d'une volonté consciente de la part des parents, mais bien de la manière dont elle est ressentie par l'enfant, refusée ou acceptée au moment de l'adolescence.

S'il existe des maladies intentionnelles aussi bien que des maladies accidentelles, s'il peut se produire des morts qui ne sont pas l'aboutissement d'un processus physiologique «naturel» mais bien des morts scénariques, si la maladie peut être une manifestation de la personnalité, on peut alors émettre une hypothèse simple même si elle est hasardeuse : le malade ne peut plus être seulement perçu comme victime ou irresponsable de sa maladie; il peut donc être acteur de sa guérison. En effet, si un ensemble de circonstances pèsent sur la vie de chacun, si des conditions difficiles ou douloureuses de vie peuvent favoriser l'apparition de maladies organiques, la reconquête de la santé doit se fonder sur une double démarche, celle des techniques médicales et la représentation qu'a le malade de son efficacité, celle d'une prise en charge par le malade de la lutte contre la maladie. Reconnaître que la maladie n'est pas seulement un coup du sort ou le résultat d'une loterie où l'on a tiré le numéro de la malchance, l'action insidieuse et malveillante d'étrangers que sont des colonies de microbes ou de virus, mais quelque chose qui s'inscrit dans la trajectoire personnelle et à ce titre, fait partie de la vie de chacun : c'est prendre conscience que la maladie n'est pas une fatalité au sens du «atum» et que le fatalisme n'est pas une réponse adaptée.

Ceci ne minimise pas l'importance de l'activité médicale qui accompagne, appuie le travail du malade vis-à-vis de sa maladie, il la relativise simplement. Il ne faut pas sous-estimer les résistances auxquelles se heurte encore aujourd'hui une telle conception qui, entre autre, remet en cause l'activité du médecin comme seul vecteur de la guérison. C'est pourtant à ce prix que son action ne sera pas vaine, c'est bien cette perspective qu'il lui faut intégrer.

La relation avec le mourant peut alors changer radicalement de nature; ne plus être un «accompagnement» des mourants fait de négation, d'évitement ou au mieux de paroles lénifiantes - tellement le tabou qui entoure la mort, l'horreur qu'inspire la force destructrice de certaines maladies, sont forts — mais plutôt que le malade «puisse non pas seulement y mourir en paix mais aussi y vivre, par la lucidité acquise qui ferait qu'il renoncerait à la maladie sitôt qu'elle deviendrait inadéquate, excessive ou irrémédiable pour s'actualiser en d'autres jeux, non plus de mort mais d'amour»[5]. C'est bien une des données fondamentales que doit véhiculer la formation aux grands malades et aux mourants.

L'approche psychosomatique peut apparaître comme un moyen de renforcer le tabou qui entoure la mort, moyen subtil et suprême car en reconnaissant d'où elle vient, en constatant qu'elle n'est pas toujours, qu'elle est rarement cette fatalité imprescriptible, il ne tiendrait qu'aux hommes de la différer «sine die». La négation systématique serait alors une attitude de combat et les chances de victoire à la mesure de l'intensité de la négation.

Pourtant, constater qu'il y a des morts prématurées, que si le bas de la feuille reste vierge, et que rien ne peut plus désormais s'y écrire, exige que le tabou ait été dépassé. Cette attitude n'est pas synonyme d'indifférence mais témoigne d'un respect de l'Autre. Car, si la maladie est pour partie une construction du malade, s'il n'est pas totalement irresponsable de son état et si un des éléments de la thérapeutique consiste à lui faire saisir le sens profond de la démarche qui l'amène dans un lit d'hôpital, c'est reconnaître ainsi sa pleine humanité, responsable qu'il est de sa vie; il en va de sa liberté, de sa dignité qu'il puisse achever sa construction aussi inadéquate et aberrante soit-elle aux yeux des autres.

Tant que ces attitudes restent inconscientes pour le malade et que leur signification n'est pas comprise par son entourage, les désirs enfouis peuvent être satisfaits sans avoir jamais été exprimés. Mais, pour peu que cette manifestation soit comprise, que la maladie ne soit plus seulement une invasion extérieure mais aussi une forme d'expression, une parole ou un cri, le malade va se trouver dans l'obligation d'assumer son désir et de le proclamer, quitte à s'investir plus tard dans un nouveau jeu destructeur moins facilement décryptable où il trouverait un moment de répit avant qu'un regard plus aigu et plus perspicace de lui-même, ou des autres, ne l'en déloge. A ce titre, l'approche psychosomatique peut apparaître comme un éclairage qui, déjouant les ombres d'un désir secret, fait tomber les dernières défenses d'une ultime liberté. Elle ouvre la porte à l'acharnement thérapeutique suprême qui ajouterait aux perfusions du corps, celle de l'esprit. A moins qu'elle ne soit la conquête d'un nouveau regard que le malade porte sur sa vie, aidé et non guidé par des soignants qui l'acccompagnent dans cette démarche, lui laissant l'initiative et respectant la liberté de ses choix.

La formation à la relation aux grands malades est l'instant privilégié où se trouvera orientée «l'utilisation» que feront les soignants de l'approche psychosomatique. Si elle est seulement un moyen supplémentaire d'une meilleure compréhension du malade ou pire, un atout permettant de déjouer ses ruses, elle aura manqué son but, soit parce qu'elle devient un outil d'aliénation, soit parce qu'elle oblige le malade à de nouveaux détours pour préserver son dernier espace de liberté. Si, au contraire, elle est perçue comme une grille de lecture dont le principal utilisateur est le malade, l'objectif est alors de la lui transmettre en le laissant libre et responsable de ses choix. C'est à cette condition qu'elle sera un instrument de libération.

NOTES

[1] Georg GRODDECK, *Le livre du çà*, Gallimard, Paris, 1963.
[2] Eric BERNE, *Analyse transactionnelle et psychothérapie*, Payot, Paris, 1971.
[3] Eric BERNE, *Que dites-vous après avoir dit bonjour*, édition Tchou, Paris, 1979, p. 99.
[4] Eric Berne a eu une mort doublement scénarique puisqu'il est décédé au même âge que sa mère et de la même maladie... un infarctus du myocarde.
[5] Roger LEWINTER, *Introduction Livre du Ça*, p. XX.

Chapitre 2
La mort tout de même

Après le temps du refus et de la lutte qui peuvent d'ailleurs exprimer la puissance du tabou, vient donc celui de l'accompagnement vers la mort. A ce bouleversement qu'il va lui falloir affronter, s'ajoute un bouleversement de l'organisation de tous les secteurs de sa vie : un changement de son statut socio-professionnel par la perte de son travail, l'altération de ses relations familiales, le changement de son cadre de vie, de ses habitudes, de ses repères. Il doit s'adapter à un nouveau mode d'existence, subir des soins qui peuvent être éprouvants physiquement ou moralement. Il perçoit des changements d'attitude à son égard, une conspiration du silence et/ou une extrême sollicitude, l'une et l'autre lui étant suspectes, tandis qu'il ressent une lente et profonde dégradation physique qui se traduit aussi par une perte d'autonomie, une dépendance croissante jusque dans les actes les plus courants de la vie. Alors que tout vole en éclat, il perçoit d'une manière plus ou moins explicite que la mort fait son œuvre. Qu'il le nie ou qu'il le reconnaisse, cette situation modifie son comportement et on peut parler d'une psychologie spécifique du mourant. Cette modification du comportement s'accompagnera souvent d'un langage symbolique dont la compréhension est un des facteurs permettant de rompre l'isolement favorisé par les réactions de fuite, d'évitement, de non-dit qui traduisent, comme en symétrie du bouleversement qu'il ressent, celui de ceux qui l'entourent.

Nous intéressant à la trajectoire de l'individu dont le futur est désormais compté, et faute d'un terme qui décrirait sans confusion possible cette trajectoire, nous parlerons du mourir, suivant en cela l'exemple anglo-saxon qui distingue «death», la mort et «dying», le mourir, qui exprime bien qu'une action est en cours. La mort n'est pas un instant où tout s'interrompt brutalement, elle est fractionnée en une multitude de petites morts qui sont autant de pertes subies, sinon acceptées par le grand malade, et qui concerne tous les aspects de sa vie.

LA MORT AU PLURIEL

Pour un grand malade, l'hospitalisation apparaît d'abord comme la reconnaissance de son état par la société. Il acquiert ainsi un nouveau statut social où la maladie n'est plus un des éléments de son existence mais en devient le centre. A ce titre, l'hospitalisation radicalise ce qui était jusqu'alors un des aspects, le plus douloureux peut-être, de son existence.

Lorsqu'il est hospitalisé, le grand malade peut vivre deux sentiments contradictoires, l'espoir et la crainte qui s'alimentent aux phantasmes que suscite l'hôpital dans l'esprit du public. Espoir, car l'hôpital est ce temple du progrès, ce faiseur de miracles. A ce titre, l'attitude de négation de la maladie se trouve renforcée. Crainte aussi, car l'hôpital reste ce lieu de mort et la réalité d'aujourd'hui rejoint ici celle d'hier. Dans les Hôpitaux Généraux, la plupart des malades hospitalisés y mouraient. Aujourd'hui, chacun sait que l'hôpital est le lieu le plus probable de son rendez-vous avec la mort. On peut imaginer l'angoisse de celui qui y rentre, surtout quand la cause de son hospitalisation a un caractère de gravité. A cet espoir ou à cette crainte, s'ajoute le phantasme lié à l'idée d'enfermement qui demeure dans nos esprits et à plus forte raison dans celui des grands malades. Il prend sa source historique dans l'hôpital du Moyen Age dont c'était la fonction première, la tâche assignée par le corps social : contenir les déviances que sont la maladie et la pauvreté.

Mais ce phantasme ne plonge pas seulement ses racines dans un passé lointain, il est aussi alimenté par la réalité d'aujourd'hui.

> Une jeune femme de 33 ans est atteinte d'un cancer généralisé. Ses hospitalisations sont nombreuses et fréquentes, entrecoupées de séjours chez elle. Elle est mariée, mère de deux petites filles qui viennent la voir régulièrement. Elle s'efforce à ces moments-là de dépasser son extrême fatigue pour s'occuper d'elles, faire faire les devoirs à l'une, raconter des histoires à la plus jeune. Elle soigne tout particulièrement son aspect pour la visite des enfants; elle met toujours sa perruque car la chimiothérapie lui a fait tomber tous les cheveux et elle s'habille pour masquer son extrême maigreur.

Alors qu'elle est retournée à nouveau chez elle depuis quelques jours, le chef de service reçoit la visite du mari qui lui demande de réhospitaliser sa femme sous un prétexte médical quelconque car il ne veut plus la garder chez eux et encore moins au moment des fêtes de Noël ; bien sûr, il ne veut pas qu'elle sache sa démarche. Le médecin refuse d'accéder à cette demande. Le mari réïtère sa requête quelques jours plus tard, prétextant que cette situation est traumatisante pour les enfants, qu'il pensait qu'elle allait mourir plus vite, que c'était à l'hôpital de remplir son rôle et de «soigner» sa femme (assumer la mort?). Le médecin accepte de reprendre cette malade dans son service en y mettant toutefois une condition expresse : que cette jeune femme passe le jour de Noël chez elle avec ses enfants. Son mari accepte s'il ne s'agit que de la journée. Il tiendra promesse, elle passera Noël chez elle et s'éteindra doucement dans l'après-midi, un peu avant de repartir à l'hôpital.

Il n'est pas question ici de juger l'attitude des familles mais de constater que la demande du mari et à travers elle, celle de la société, est bien que l'hôpital contienne le Mal dans tous les sens du terme, la maladie bien sûr mais aussi tous les désordres qu'elle entraîne et qui rejaillissent sur le fonctionnement du groupe familial ; le désordre suprême étant la mort, il incombe à l'institution hospitalière de la prendre en charge et de l'escamoter. Il n'est pas de cachette qui ne possède un minimum d'étanchéité, il n'est pas d'hôpital qui ne soit peu ou prou un lieu d'enfermement.

L'hospitalisation correspond en outre à une ré-organisation profonde de la vie, qu'il s'agisse du lieu, à la fois parce que la chambre d'hôpital est un lieu nouveau, et parce qu'aussi, il est exclusif ; c'est à la fois un cadre inhabituel mais aussi quasi-unique dont les seules sorties n'ont en général rien d'agréable. Le malade ne retrouvera plus les repères spaciaux auxquels il était habitué.

Il en va de même du rythme de vie imposé par le fonctionnement du service, bien éloigné le plus souvent des habitudes personnelles qui rythmaient sa vie quotidienne. C'est vrai pour les horaires de sommeil, de repas, de visite, déterminés non plus par ses propres exigences ou ses propres envies, mais de l'extérieur, par une organisation qui fait peu de cas de ses habitudes. Mais surtout, plus encore qu'un changement d'emploi du temps, c'est le sentiment de n'être en aucune façon maître de son temps qui constitue pour le grand malade le plus grand bouleversement. Pourtant, ce temps est d'autant plus précieux qu'il lui est compté, et ses derniers moments ne lui appartiennent pas. Ceci est renforcé par le désir diffus ou inconscient qu'ont les soignants de limiter leurs relations avec celui «qui est perdu». Les horloges auxquelles chacun mesure son temps ne sont désormais plus synchronisées et ce n'est pas le moindre paradoxe de constater que celui qui a tout son temps, le malade, n'a pas d'avenir et que celui qui a un avenir, le soignant, n'a pas le temps.

L'hospitalisation se traduit d'abord par la perte du statut professionnel dont on sait l'importance dans nos sociétés où nous nous déterminons largement par le «faire» plutôt que par «l'être». Ne plus avoir d'activité professionnelle est déjà une marginalisation, on est désormais à la charge des autres, une première exclusion est prononcée comme une espèce de mort sociale, premisse de la mort physique. Une des questions qui revient souvent dans la bouche des malades : «quand pourrais-je recommencer à travailler?» montre bien l'importance qu'il lui accorde, même si cette formulation cache aussi une question plus fondamentale sur l'état de santé et les chances de guérison. Témoin l'attitude de cet homme paralysé, en phase terminale d'un cancer et qui demande au service administratif de l'hôpital une prolongation de son arrêt maladie :

L'ingénieur des travaux publics

Un homme de 53 ans, ingénieur de Travaux Publics, est atteint d'un cancer avec métastases à la colonne vertébrale. Il suit une chimiothérapie une fois par semaine en hôpital de jour, dans un service de carcinologie. Très sportif, il arrive le matin pour ses soins, après un jogging de 10 km. Par ailleurs, lorsqu'on lui propose de prendre l'ascenceur, il refuse toujours en disant que «pour le moment il n'en a pas besoin».

Quelques semaines plus tard, il est hospitalisé en urgence, en raison de souffrances insupportables dans le dos. Cette souffrance aiguë l'empêche de bouger, mais masque en réalité une paralysie des jambes; ceci permet aux médecins, à l'équipe soignante, à sa femme de différer le moment où il faudra lui annoncer que la maladie progresse très vite et qu'il est définitivement paralysé, lui le sportif qui courait tous les matins.

Il est perçu par l'équipe soignante comme un homme très réservé, énergique, dont il est difficile de savoir ce qu'il pense ou ressent. Il n'a fait allusion à son état qu'une seule fois auprès d'une infirmière pendant les soins : «l'an dernier, j'ai *eu* un cancer qu'on a très bien soigné». Il n'en parle pas davantage avec sa femme aux dires de celle-ci. Là également, une seule réflexion lorsque son épouse l'informe que le médecin envisage un nouveau traitement : «je trouve que tu en sais beaucoup trop toi, bien plus que moi».

Par ailleurs, il fait établir par le médecin du service un prolongement d'arrêt-maladie pour son employeur et non un arrêt définitif et il en fixe lui-même la durée, deux mois, en spécifiant que ce sera largement suffisant.

Un traitement énergique arrive à juguler ses douleurs, à les rendre supportables sans toutefois les supprimer complètement; tout le monde redoute le moment où l'alibi de la douleur n'existera plus et où il faudra bien lui dire ce qu'il en est de sa paralysie ou du moins répondre à ses questions.

Un soir où deux soignantes l'avaient installé pour la nuit, il les interpelle au moment où elles quittent sa chambre : «si je vous demandais à me lever maintenant, vous seriez bien embarrassées n'est-ce pas?» puis il se met à sangloter en se cachant le visage dans les mains. L'une reste pétrifiée, l'autre retourne auprès de lui, lui entoure les épaules pour essayer de le calmer, lui expliquant qu'il est bien tard pour envisager de le lever ce soir mais que demain on demanderait au médecin. Il n'enlèvera ses mains du visage qu'après leur départ.

Le lendemain, le médecin, informé de l'incident de la veille au soir, passera un long moment en tête-à-tête avec lui mais ne l'informera pas complètement de son état.

Ce malade retrouvera sa réserve habituelle et ne réiterera jamais sa demande. Les deux soignantes disent être désormais mal à l'aise avec lui parce qu'il doit avoir honte d'avoir pleuré (ce qui est sans doute une belle projection), d'avoir eu «un moment de faiblesse» (*sic*) et que leur présence le lui rappelle certainement; mais surtout, elles redoutent qu'il pose à nouveau des questions ou manifeste à nouveau une émotion quelconque.

En réalité, ce malade a certainement compris l'incongruïté de sa demande par le malaise qu'il a suscité auprès du personnel soignant, malaise qui a déclenché l'entretien du médecin avec ses informations évasives et peut-être embarrassées. Il a compris sans doute aussi que la conspiration du silence était bien en place et bien verrouillée. A lui maintenant de cheminer seul vers l'acceptation ou la révolte.

A la session de formation suivante, l'équipe soignante a informé le groupe, que cet homme était mort peu de temps après l'incident, de complications pulmonaires tout à fait imprévisibles et qui l'ont emporté en 2 jours.

Il est mort moins de 2 mois après son hospitalisation. Les soignants rapprochant les deux durées : les 2 mois d'arrêt de travail en rentrant à l'hôpital et les 2 mois qui se sont écoulés entre cette hospitalisation et sa mort; le groupe s'interroge sur le sens de la première demande (2 mois d'arrêt de travail) qui leur avait paru inadapté à la gravité de son état qu'ils avaient tendance à interpréter comme une négation de son état, était peut-être l'expression d'une sorte de conviction. Cet arrêt pour maladie était en effet suffisant, son terme en étant, non pas la guérison mais la mort. Cet homme ne pouvait peut-être pas parler explicitement de sa mort mais précisait lui-même le terme de sa maladie.

Perdant ce statut socio-professionnel, on pourrait penser qu'il en acquiert un autre, celui de malade. En fait, dans cette nouvelle situation, il s'apercevra qu'il est à nouveau exclu. Exclu, quand il constate que le diagnostic, s'il lui est rapporté, diffère souvent de ses propres impressions. Exclu, quand il subit un traitement comme une suite d'actes, les uns anodins mais les autres douloureux, sans lien apparent pour lui, faute de connaître la stratégie qu'ont choisie les médecins. Comment d'ailleurs pourrait-il y avoir accès dans la mesure où le diagnostic lui-même ne lui est souvent que très imparfaitement connu. Il peut constater qu'on lui demande d'abord d'accepter sans réticence les décisions qui sont prises en dehors de lui, de se soumettre à des mains expertes. Cette perte d'initiative et cette dépendance le placent dans une situation d'infantilisation où se reconstitue jusqu'à la caricature, le schéma père-mère-enfant; le chef de service étant généralement un homme et le personnel soignant, en majorité féminin. Il n'aura plus, dès lors, qu'à obéir à l'infirmière-maman en subissant l'autorité lointaine mais combien pesante du père-médecin.

Ainsi le père est-il mis en avant quand il s'agira d'imposer au malade des soins ou des examens pénibles ou douloureux. C'est lui qui prescrit, c'est aussi à lui que seront rapportés les refus (la désobéïssance), de même que l'infirmière jouera un rôle d'intercession auprès du père pour obtenir les dérogations, les aménagements que le malade souhaite et qui lui paraissent raisonnables.

Dans cette situation, le malade récupèrera rarement le bénéfice affectif que son statut d'enfant pouvait lui laisser espérer. Son passé comme son avenir se situent généralement ailleurs (sauf pour des malades en phase terminale) que dans cette «cellule familiale» où les parents demeurent quand l'enfant est interchangeable. Cette interchangeabilité renforce à coup sûr le pouvoir des soignants et par là, celui de l'institution.

Il lui faudra bien admettre que ce statut de malade, s'il est adéquat aux perspectives et à l'organisation hospitalières, comme nous l'avons décrit plus haut, laisse bien peu de place à sa personnalité, tel ce cas rapporté :

Il s'agit d'un homme d'une cinquantaine d'années, hospitalisé pour une affection cardiaque et qui refuse tout autre traitement que celui prescrit par son médecin de famille en qui, visiblement, il a une confiance totale et réclame avec insistance les médicaments qu'il a l'habitude de prendre. Cette obstination pose un double problème à l'équipe soignante ; relationnel bien sûr mais aussi médical puisque le traitement prescrit ne peut être mis en place.

Nous proposons d'explorer cette situation en utilisant le jeu de rôles. Le malade y apparaît avec toute son obstination et sa référence permanente à son médecin traitant. Le discours des soignants s'articule autour de deux thèmes complémentaires : «soyez raisonnable» et «ne faites pas l'enfant, c'est pour votre bien». Ils ne réussissent pas à entamer l'obstination du pseudo-malade et reconnaissent d'ailleurs la pauvreté de leurs arguments et leur impuissance à le convaincre.

Cette même situation est proposée à un autre groupe de soignants et faisant l'objet là encore d'un jeu de rôles qui prend une tournure tout à fait différente : à la même attitude (c'est pour votre bien) s'ajoute bientôt la menace «si vous ne prenez pas vos médicaments, vous allez avoir mal, il faudra vous opérer...» sur un ton de plus en plus agressif, avec comme ultime argument la menace d'en référer à l'autorité supérieure — menace d'ailleurs éxécutée ; se succcèderont auprès du «malade» la surveillante, l'interne puis le chef de service. Ces menaces, de toute évidence sérieuses de la part des soignantes, n'affectait en rien l'obstination du «malade» qui, au contraire, jubilait de provoquer tout cet émoi.

Cet exercice montre bien que le seul argument utilisé est la menace, celle du recours à l'autorité supérieure. Ceci a un sens pour les soignants, insérés dans une structure hiérarchisée et ils comprennent mal que leur argumentation ait si peu d'impact sur le malade.

Nous avons utilisé une troisième fois cette situation-problème avec également un jeu de rôles; là, leur impuissance se traduit par le recours au psychologue ou au psychiatre de l'hôpital.

Au cours de l'analyse qui, chaque fois, a suivi ces jeux de rôles, il est apparu que l'obstination du malade était interprétée comme une rebellion ou un manque de confiance, sans que soit envisagé le désir du malade d'être rassuré, mieux informé du traitement. Le malade était traité comme un enfant rebelle que l'on essayait de raisonner puis, qu'on menaçait en tentant d'utiliser la peur de la souffrance. La réponse qu'attendaient les soignants était l'obéissance en faisant appel à des autorités successives, en espérant bien qu'au moins l'une d'entre elles aurait raison de l'opposition. En désespoir de cause, face à une situation incontrôlable, il restait à déclarer une a-normalité et à passer le relais au psychiatre. A aucun moment, il n'a été envisagé de trouver un caractère sensé à l'attitude du malade, de chercher à comprendre le pourquoi de cette obstination, donc de lui proposer de contacter son médecin. Cette dernière suggestion a étonné les soignants, (ils n'y avaient jamais pensé) les laissant d'ailleurs pour le moins réticents comme si, faire appel à l'extérieur pour résoudre un problème interne, était inadéquat et même gênant.

Ce cas montre combien peut être limité le champ des comportements. Si tout va bien, le schéma parent-enfant, s'il sous-tend le mode de relation, reste discret mais dès que l'enfant se rebelle, il rencontrera un «parent normatif» et viendra l'épreuve de force.

Par ailleurs, il ne faut pas sous-estimer les bénéfices secondaires qui découlent de cet état de grand malade. Il a (il se donne) désormais la permission de ne pas s'occuper d'un problème, il voit se resserrer autour de lui un réseau de relations dont il est de plus en plus l'élément central. Il peut se sentir autorisé à ne pas se plier aux attentes des autres, à exprimer des émotions ou à être faible... Bref, la maladie lui octroie un certain nombre d'avantages.

Cette recherche des bénéfices secondaires explique, sans doute, les exigences que peuvent avoir certains malades, tout particulièrement s'agissant de «l'hôtellerie» et du nursing. Dans leur esprit, ils ont «droit» à toutes les attentions, justes compensations de leur état. L'irritation des soignants serait certainement atténuée s'ils comprenaient mieux les raisons profondes de ces exigences.

Sans doute, dans ce nouvel état, les réactions des malades seront-elles différenciées. Pour certains, c'est l'occasion attendue de s'abandonner, la satisfaction d'être pris en charge et pour autant que le terme soit congru, ce malade soumis sera un malade heureux. Mais il ne faut pas sous-estimer le caractère pernicieux de cette soumission. Le malade peut, en effet, être tenté de réagir, non seulement en fonction de son état mais aussi en fonction d'un faisceau d'attentes qu'il imagine être celles de son entourage et plus spécialement de ses soignants. Ainsi, alors qu'il est en mesure de faire sa toilette seul ou presque seul, il cèdera à la proposition de l'aide-soignante désirant lui éviter toute fatigue ou plus simplement pressée d'en terminer. Ce mécanisme de suradaptation peut l'amener à considérer une simple proposition comme l'expression d'un désir auquel il va répondre, sans faire valoir ses capacités d'autonomie qui, pour être altérées, n'en sont pas moins réelles, et il s'insère dans le processus de la «suradaptation-incapacitation». Dans la suradaptation la personne agit en fonction de ce qu'elle imagine être les attentes des autres plutôt que de tenir compte de ses propres besoins. Son inaction et sa passivité par rapport à un problème vont très vite l'amener à l'incapacitation; elle glisse du «je ne veux pas» (je ne m'autorise pas) à «je ne peux pas».

Les soignants, dans ce qu'ils induisent de leurs relations avec les grands malades, renforcent ou reproduisent ce processus suradaptation-incapacitation qui a pu être à l'origine de leur maladie

En même temps qu'il doit s'adapter à son nouveau statut et aux bouleversements qui s'y rattachent, le malade verra son corps se transformer, se dégrader parfois et bien trop souvent le faire souffrir. Il ne faut pas considérer le corps comme une image figée, une sorte de référence immuable, mais plutôt comme un élément dynamique, une image qui se construit à travers touts les expériences, y compris celle de la maladie. Quelles incidences peuvent avoir les altérations des capacités physiques, celle de l'apparence, la douleur, sur la perception qu'a le malade de son propre corps, mais aussi la manière dont il est vu par les autres et dont il perçoit le regard; bref, la place que tient le corps dans la relation du grand malade avec ses soignants.

Une des premières petites morts que doit affronter le grand malade est le constat d'incapacité physique. Ce corps qui jusqu'alors, obéissait à sa volonté, devient progressivement inapte. Sans aller jusqu'aux atteintes majeures, conséquence d'une paralysie plus ou moins complète, ou encore d'amputation, les incapacités liées à l'état de fatigue ou de difficultés de coordination, font découvrir au malade un corps différent avec lequel il faut désormais compter. Ces invalidités, si légères soient-elles, entraînent une altération de l'autonomie du malade, le rendant éventuellement dépendant des autres ou l'obligeant à des efforts inhabituels sans commune mesure avec l'objectif poursuivi. Dans cette situation, le corps se manifeste non plus comme l'auxiliaire discret et toujours disponible d'une volonté, mais comme un partenaire, peut être un adversaire ayant en même temps que des limites nouvelles, ses propres exigences. Il faudra longtemps, et le temps est ici une valeur comptée, pour que ces limites deviennent partie intégrante de la personne et non pas une frontière imposée de l'extérieur et rétrécissant le domaine de l'être.

L'impact de telle ou telle incapacité peut donc différer d'un malade à l'autre. Une invalidité majeure apparaîtra dans certains cas comme tolérable quand une incapacité supplémentaire, relativement bénigne en elle-même, constituera une agression insupportable, entraînant des réactions qui pourraient paraître exagérées. Chacun, en la matière, a son échelle des valeurs et il n'est pas toujours facile pour des soignants, comme pour l'entourage, de percevoir la manière dont le malade hiérarchise les éléments constituant l'image de son corps.

Le père d'une aide soignante en formation, est atteint depuis 8 ans d'un cancer de l'intestin, cancer qui a entraîné plusieurs interventions chirurgicales, des chimiothérapies extrêmement pénibles et la pose d'un anus artificiel. Il a réussi néanmoins à maintenir à peu près son activité d'artisan. Lors de son dernier séjour à l'hôpital, son état nécessite la pose d'une sonde gastrique permettant de pallier l'insuffisance de son système digestif. Alors qu'il avait supporté avec courage et combativité les précédentes épreuves, l'annonce de la pose d'une sonde gastrique le bouleverse. Il dit à sa fille : «je savais depuis longtemps qu'un jour j'en arriverai à la sonde mais que je ne le supporterai pas ; je m'étais promis qu'au moment où je ne pourrais plus me nourrir seul, ce serait fini pour moi». Il a demandé à ce que ses autres enfants mariés et dispersés viennent le voir une dernière fois le week-end suivant et il est mort quelques jours après leur visite.

Vu de l'extérieur, le traumatisme inhérent à son incapacité à se nourrir normalement, semble bien mince par rapport à tout ce qu'il a subi, en particulier la pose d'un anus artificiel. Pourtant, c'est cette nouvelle incapacité qui représente le seuil de l'inacceptable.

Cet exemple montre que ce n'est pas tant le type d'invalidité qui détermine l'importance du traumatisme, mais bien l'histoire personnelle de chacun, la valeur symbolique qu'il accorde à tel organe ou telle fonction. On mesure ainsi mieux combien il est difficile pour les soignants d'apprécier l'impact d'une invalidité sur le psychisme d'un grand malade, d'autant que leurs réactions sont extrêmement diversifiées ; certains, comme cet homme, se laissent mourir parvenus à une certaine forme d'invalidité, d'autres peuvent purement et simplement l'ignorer.

La prise en compte de l'impact physique d'une invalidité est difficile pour le soignant, sauf s'il a éprouvé un jour dans son corps, les mêmes atteintes. Il peut concevoir que le corps de l'Autre soit partiellement mort, mais plus difficilement apprécier le bouleversement global que cette incapacité entraîne.

Elisabeth, aide soignante, évoque ses difficultés relationnelles avec une de ses malades, âgée de 70 ans, atteinte depuis peu d'une hémiplégie du côté droit. Leurs relations, jusqu'alors très affectueuses de part et d'autre, ont tendance à s'altérer. Elisabeth se sent largement responsable de cette situation et très culpabilisée. Elle supporte très mal la peur de tomber de cette vieille dame lorsqu'elle doit l'habiller, la mettre au fauteuil... elle interprète cette peur comme un manque de confiance d'autant moins justifié qu'elles se connaissent de longue date et que jamais cette malade n'a eu quelque raison de douter de son adresse.

Lors de la discussion qui s'instaure dans le groupe, plusieurs participants tentent d'expliquer à Elisabeth que cette peur est sans doute normale du fait de l'hémiplégie, mais celle-ci, affectée par l'attitude de cette malade, n'accepte pas ces explications.

La formatrice propose alors un jeu de rôle où Elisabeth serait la vieille dame et une participante jouerait le sien. Une table tiendra lieu de lit et d'elle-même, Elisabeth place son bras sous son pull-over. Le jeu commence alors, simulant les diverses étapes décrites auparavant : «je vais vous asseoir au bord du lit pour vous descendre vers le fauteuil» — A ce moment Elisabeth : «non j'ai peur, tenez-moi» manifestant effectivement la plus grande frayeur. Le jeu s'arrête alors et elle explique comment, privée de la mobilité de son bras droit, elle s'est sentie depuis le début mal à l'aise, que la peur est montée en elle jusqu'au moment où on l'asseyait sur le bord du lit-table.

Devant l'étonnement du groupe et de la formatrice d'ailleurs, Elisabeth confirme la réalité de sa peur qui n'était en aucune manière simulée. Elle explique que jamais elle n'avait pensé que celle exprimée par sa malade, puisse être justifiée sinon par un manque de confiance qui la blessait, induisant des comportements agressifs auxquels la vieille dame répondait en taisant ses craintes, mais en continuant à s'agripper à elle. Les relations, jusqu'alors détendues et confiantes étaient devenues tendues et la défiance que craignait Elisabeth était en train de s'instaurer.

Lors du stage suivant, Elisabeth a indiqué que ses relations avec sa malade étaient redevenues aussi bonnes qu'avant son hémiplégie.

LANGAGE SYMBOLIQUE DE LA DOULEUR

Il est rare que dans la trajectoire du mourir, surtout si elle a pour cadre l'hôpital et sera donc la conséquence d'une pathologie grave, que la douleur ne soit pas présente, voire omniprésente. La relation du soignant avec le grand malade se construit le plus souvent sur un arrière-plan de douleur. C'est à ce titre, qu'il nous paraît essentiel de la prendre en compte en formation, sinon de la comprendre.

Elle joue un rôle déterminant dans la définition de l'image du corps. Toutes les énergies se concentrent sur l'organe douloureux.

Il n'est pas possible d'associer une «quantité» de douleur à un certain type de pathologie ou affection. Elle est l'interprétation par la personne malade, des désordres organiques qui l'affectent. Cette expression est donc aussi un langage dont il faut chercher à décrypter le sens.

Parler de langage symbolique à propos de la douleur n'est en aucune façon nier sa réalité, mais chercher à reconnaître dans ce cri du corps, des significations possibles.

Douleur-détresse

Dans le service des grands brûlés de l'hôpital de N..., les soignants avaient constaté une recrudescence de la souffrance de leurs malades, en fin d'après-midi. Ceci se traduisait par des appels nombreux et une demande accrue de calmants. Cette recrudescence d'appel intervenait précisément au moment du changement d'équipe et perturbait en particulier les transmissions. Le fait que celà intervienne à la tombée du jour, amena l'équipe à attribuer ces manifestations à un sentiment d'angoisse plus accentué. Le changement d'équipe, plus réduite la nuit, pouvait entraîner également un sentiment d'insécurité. Il fut décidé qu'une demi-heure environ avant la fin de son service, l'équipe de jour visiterait systématiquement tous les malades et que l'équipe de nuit, quelques temps plus tard ferait de même. A dater de ce jour le «pic» de douleur s'effaça; le sentiment de sécurité qu'apportait la certitude de ces visites ne rendait plus nécessaires les «appels au secours».

La douleur-détresse est ainsi souffrance et peur de la souffrance. Que le malade se laisse enfermer dans le cycle, la souffrance s'alimentera de la peur d'elle-même. Elle n'est pas pour autant moins réelle, même si le remède est plus d'ordre psychologique, et le type de relation que le soignant saura instaurer à ce moment-là peut être primordial.

Un des premiers objectifs de la psychothérapie à l'intention des cancéreux est précisément d'amener le malade à repérer par lui-même ce qui est de l'ordre de l'angoisse dans la douleur qui l'assaille; on constate effectivement que ces malades soutenus par une thérapie voient généralement leur souffrance diminuer.

Douleur et plaisir

La douleur peut intervenir comme alternative au plaisir. Il a été reconnu par de nombreux observateurs qu'une perspective positive, un plaisir ou une distraction (au sens pascalien du terme) avait une influence sur l'intensité de la douleur. A contrario, l'absence de plaisir, soit que le sujet se l'interdise, soit qu'il ne s'en sente pas capable sans l'avoir toutefois vérifié, peut intervenir comme un élément déclenchant, capable de réactiver ou d'amplifier une souffrance.

Malgré l'aspect paradoxal de cette interprétation, la souffrance peut être un moyen de combler un vide, une manière de structurer une vie quand elle ne paraît plus apte à s'investir dans une perspective positive, par exemple (et c'est le cas pour un malade aux approches de la mort) quand aucun avenir probable ne se dessine.

Mais la douleur peut être aussi la sanction inconsciente d'un plaisir jugé illicite; ceci a été constaté dans nombre de psychopathies caractérisées :

«une autre patiente souffrait de douleurs violentes au sein gauche. A première vue, ces douleurs semblaient de nature névralgique. Mais l'analyse finit par révéler qu'elles exprimaient aussi la nostalgie d'un amant qui la caressait et cet endroit, et, en même temps, le remords de ces privautés. Quantité d'observations du même ordre m'ont depuis longtemps convaincu que la douleur est très souvent ressentie aux endroits précis du corps qui jadis ont été le siège d'un plaisir particulièrement intense et dont le sujet est désormais privé. C'est surtout quand il s'agit d'un plaisir défendu, dont le patient voudrait maintenant se punir, qu'apparaît le douleur»[1].

Que la tradition judéo-chrétienne confère à la douleur une vertu rédemptrice, lui donnant ainsi une valeur qui imprègne encore le grand malade, alors que le plaisir, lui reste suspect dans la même tradition, n'est sans doute pas sans influencer les attitudes; remplacer la douleur par le plaisir rencontrera encore longtemps de nombreuses résistances. Ce dernier aspect influence incontestablement la réponse institutionnelle devant la douleur et la problématique des soignants à son égard.

Douleur-chantage

Un troisième message peut être entendu et qui concerne encore plus directement la relation du soignant et du soigné; on pourrait l'appeler la douleur-chantage. Incertain de retenir encore l'attention et l'affection de son entourage, le malade peut être tenté, en exploitant d'ailleurs la valeur ambiguë de sa souffrance, d'y chercher l'ultime moyen de forcer l'attention des autres, de retrouver leur intérêt et leur affection, sans doute aussi vérifier qu'il appartient bien à une communauté. Ces attitudes sont beaucoup plus fréquentes qu'on ne l'imagine; elles participent parfois d'une véritable stratégie où le malade paie par sa douleur le prix d'un attachement qui lui est en permanence renouvellé. Chacun peut sûrement ici évoquer dans sa vie et celle de son entourage, des comportements qui répondent à ce schéma.

Le chantage à la douleur peut procéder d'un autre objectif inconscient : le malade tente d'exploiter sa douleur bien réelle et pré-existante, pour accroître son emprise sur le soignant, modifier à son avantage certaines pratiques (c'est tout particulièrement vrai du nursing). Le malade réussit parfois à imposer comme un ensemble de rituels pour la toilette, le repas ou certains soins. Que le soignant s'en écarte, une sanction immédiate interviendra, les plaintes du malade traduisant l'apparition ou l'augmentation de la douleur. Les soignants ont désormais à choisir entre satisfaire, y compris parfois dans les détails, aux exigences du malade ou bien suivre leur propre méthode ; mais ils savent alors que le malade réagira aussitôt, aboutissant au mieux au désagrément que provoquent des récriminations perpétuelles mais le plus souvent entraînant un sentiment de culpabilité pour le soignant. Cette culpabilité accompagne souvent des soins refusés ou contestés par le malade auquel l'infirmière n'a pas la possibilité de se dérober, ils font partie d'une prescription obligatoire. A la limite, le soignant se trouve manipulé par le malade qui peut à tout instant brandir sa souffrance, sanctionnant ainsi les manquements à la règle qu'il a fixée.

Chercher à déchiffrer la signification du cri n'enlève rien au fait que c'est un cri de douleur et non l'expression d'un simulateur. Mais on comprend qu'une fois décrypté, il soit possible de trouver une réponse adéquate ; si la douleur est un cri du corps et de l'âme mêlés dans la souffrance, sa médication ne doit pas seulement être pharmacologique, mais également la reconnaissance de l'humanité du malade comme de celle de ses soignants. Que ces derniers puissent montrer que le chantage n'est pas nécessaire pour obtenir leur attention mais qu'elle leur est déjà acquise, qu'ils puissent aider le malade à trouver, malgré son état, des occasions de plaisir, n'altère en rien sa dignité. Qu'il soit convaincu que son cri de détresse sera entendu, favorisera une certaine sérénité qui n'annulera pas sa douleur mais la maintiendra plus longtemps dans des limites plus tolérables.

Douleur, support de la relation du grand malade et de ses soignants

Bien que confrontés en permanence à la douleur, les soignants restent aggressés par elle ; elle demeure pour tous inacceptable et souvent insoutenable.

Bien sûr, l'impact de ce spectacle dépend largement du temps passé avec celui qui souffre. L'équipe soignante, en contact permanent avec le malade, en sera plus affectée que le médecin. Cette différence d'implication peut d'ailleurs être à l'origine de difficultés de fonctionnement dans la mesure où le pouvoir vis-à-vis de la douleur, par le biais de la prescription, appartient au médecin et que la charge de la souffrance est le lot de l'équipe soignante. Celle-ci se trouve prise en tenaille entre la douleur du malade et sa demande de soulagement qu'elle vit en permanence, et la décision du médecin qui intègre cette lutte contre la souffrance dans un ensemble plus vaste, aidé en celà par la distance qui le sépare de celui qui souffre.

Cette situation crée chez le soignant une tension très vive qui le conduit à interpeller le médecin mais, que celui-ci persiste dans un refus, et le soignant risque de soulager cette tensoin au détriment du malade, soit par une agressivité même feutrée, soit par une mise à distance en limitant sa présence au malade, le laissant ainsi plus seul face à sa souffrance.

L'importance de la douleur dans la vie du malade et son impact sur les soignants, font de la souffrance un support privilégié. Elle est souvent à l'origine des échanges et de la relation existant entre ces deux partenaires. Elle est pour le malade, un aspect important de son expression ; il parle de sa douleur, la décrit et trouve dans l'attention du soignant, une manifestation de l'intérêt qu'on lui porte. Elle peut apparaître comme un élément facilitant la relation. Mais si elle demeure l'unique sujet d'échange, elle peut aussi être un écran permettant de maintenir les apparences d'un contact, masquant en fait une relation limitée et verrouillant tout autre sujet d'échange. C'est donc en partie de la réponse des soignants à l'expression de la douleur que dépendront leurs échanges avec le grand malade.

Si la douleur, au-delà de la seule souffrance physique, a une autre signification, la réponse adéquate peut rarement se borner aux seuls médicaments. La douleur-détresse requiert une attention permettant au malade de retrouver l'assurance qu'il n'est pas seul, qu'il est pris en charge, qu'on veille sur lui, témoin le cas rapporté plus haut, concernant un service de grands brûlés, témoin également cette anecdote rapportée par deux infirmières de nuit, alternant les gardes dans un même service et se rencontrant de ce fait très rarement. A propos des difficultés à faire prendre en compte par le médecin la souffrance d'un malade, l'une évoquait le cas suivant :

> Un homme en phase terminale de cancer passait des nuits extrêmement pénibles et épuisait trop rapidement les calmants prescrits pour la nuit. En approfondissant le cas, l'autre infirmière de nuit identifia alors le malade et manifesta sa surprise : «je n'ai pas ces problèmes avec lui ; il m'appelle presque chaque nuit pour me dire qu'il souffre ; je passe un moment avec lui et nous parlons de choses et d'autres puis prétextant un soin

à donner, je lui promets de revenir aussitôt après avec un calmant. Bien souvent quand je reviens, il s'est assoupi — je laisse le calmant sur la table de nuit et la plupart du temps il y est encore le lendemain matin».

Au cours de la discussion qui a suivi, la première infirmière a pris conscience de la crainte qu'elle ressentait chaque nuit de voir ce malade pour lequel elle avait de la sympathie, épuiser trop tôt sa provision de calmants. Sans doute ce malade ressentait-il cette crainte qui alimentait sa propre angoisse et sa douleur.

La douleur comme alternative au plaisir, exige une réponse plus subtile, qui doit se fonder sur une meilleure connaissance de l'histoire personnelle du malade. Cette réponse se heurte souvent à un écueil important : le plaisir, y compris le plus simple, n'est pas considéré généralement comme un élément thérapeutique. Proposer de brancher la T.V, de faire passer la bibliothèque de prêt, apparaît comme une activité occupationnelle et non comme la recherche d'un plaisir qui permettrait peut-être au malade de repousser ou diminuer la douleur. Ces comportements sont rarement intégrés dans une stratégie délibérée contre la douleur quand ils ne sont pas considérés comme légèrement suspects. «Ainsi le rire d'un malade, le fait que ses relations ne soient pas exclusivement centrées sur la mort, est parfois interprété par les soignants comme un comportement défensif, alors que ceci peut simplement signifier que le patient a toujours des investissements affectifs ou intellectuels semblables aux autres.»[2]

Douleur et dépendance

Si le malade entrant à l'hôpital se trouve globalement dans une situation de dépendance, dépendance vis-à-vis de l'institution, des soignants, du corps médical, c'est sur le thème de la douleur que cette dépendance se manifeste avec le plus d'acuité. C'est en effet directement dans sa chair et de manière immédiate qu'il ressent à quel point il dépend de l'équipe médicale et soignante, que ses souffrances soient atténuées ou supprimées ou au contraire qu'elles continuent à déferler jusqu'à envahir la totalité de sa personne. Il ne s'agit plus là d'une prise de conscience intellectuelle mais bien d'une expérience immédiate, physique. Ceci ne peut que l'inciter à une soumission aux règles explicites, soumission aussi à celles qu'il croit deviner, pensant ainsi aller au-devant des désirs des soignants, persuadé qu'étant ainsi mieux perçu, il sera aussi mieux soigné. Ce processus de suradaptation le place dans un état privilégié où peuvent s'exercer toutes les emprises, celles des personnes comme celles de l'institution. Il adhérera spontanément à l'échelle des valeurs que véhicule le pouvoir instituant des soignants; qu'en particulier s'agissant de la mort il ressente l'inconvenance de tout propos à son sujet, il fera sien le tabou. Les soignants deviennent de ce fait maîtres du jeu, ils sont en mesure d'imposer le style de relation qu'ils entendent avoir avec le malade; il faudra beaucoup de détermination à ce dernier pour l'infléchir, compte tenu des risques qu'il croirait prendre.

Mais la dépendance n'est pas seulement un phantasme de malade; elle résulte aussi de la manière dont les équipes médicales et soignantes conçoivent la participation du malade au traitement de sa douleur. Celui-ci est, à cet égard, un demandeur qui n'a aucune part à la décision mais il est tout aussi dépendant des soignants dans l'exécution du traitement. Il lui faudra, chaque fois que la douleur deviendra insupportable, demander, quémander le cachet, la piqûre, face à un soignant qui, n'ignorant pas le caractère souvent pernicieux des antalgiques, cherchera à en limiter l'usage. Il faudra donc au malade être convaincant, comme s'il ne réclamait pas un droit mais une faveur; conscient qu'il y a une dose limite mais faute de la connaître, il restera toujours suspendu à la crainte de se trouver trop tôt «en rupture d'approvisionnement». Cette dépendance de fait ne peut que renforcer les mécanismes de suradaptation, entraînant une soumission totale.

Mais d'autres pratiques commencent à se faire jour, qui tentent de donner au malade une plus grande autonomie dans l'usage des antalgiques. Le fait d'avoir une grande initiative ne peut qu'atténuer son angoisse dont on a vu le rôle moteur qu'elle pouvait avoir dans les mécanismes de la douleur; disposant d'un certain «stock» journalier fixé par le médecin et qu'il gère à sa convenance, il peut différer une prise ou les rythmer en fonction de ses besoins mais aussi de ses motivations (ne pas souffrir au moment d'une visite qui lui fait particulièrement plaisir par exemple).

Qu'elle engendre la dépendance ou qu'elle soit à l'origine d'un chantage, la douleur reste présente dans des relations dont un des enjeux est le pouvoir sur l'autre. Le malade dispose de faibles atouts même si parfois, utilisant en particulier les réactions du soignant devant la souffrance qui l'agresse, il peut par la manipulation, inverser, en partie du moins, l'ordre du rapport de force. Il peut aussi remettre en cause l'analyse que font les soignants et le médecin de son état. Quand les résultats d'examen sont encourageants et que le malade continue à clamer sa souffrance et l'impuissance du corps médical à la surmonter, il engendre dans l'esprit de ceux-ci le doute sur l'exactitude du diagnostic et la pertinance du traitement. C'est leur compétence même que les soignants sont tentés de remettre en cause si les arguments objectifs, résultat de leur propre recherche, sont contradictoires avec cet élément subjectif qu'est la souffrance du patient. Par la douleur, le malade conquiert un réel pouvoir sur les affects des soignants mais dans certains cas, remet en cause aussi le sentiment de leur compétence. Ils sont ainsi atteints sur le plan émotionnel et sur le plan professionnel.

Mais le soignant dispose du levier qu'est sa capacité à répondre à la requête du malade ; il est sinon le maître de la guérison, il est en tout cas le seul qui puisse exorciser la souffrance. Si la négociation demeure, elle s'inscrit dans une relation hiérarchisée où l'un détient avec la clé de l'armoire à drogues ce que l'autre désire. Que cette situation ne soit pas toujours la plus adaptée à la lutte acharnée que les soignants font à la souffrance n'empêche pas qu'elle demeure comme une règle du jeu renforcée par l'institution.

Jacques le jeune sportif

Jacques, atteint d'un cancer des os, souffre de manière insupportable malgré les doses croissantes d'antalgiques destinées à le soulager. Son cas est jugé désespéré, à tel point que le traitement curatif a été abandonné ; seul subsiste et combien imparfait, le traitement de ses douleurs. L'équipe soignante est découragée et en même temps très émue par l'état dans lequel se trouve ce jeune homme de 27 ans.

Or il se pend un matin dans son cabinet de toilette. L'équipe soignante intervenant suffisamment tôt, réussit à le «sauver». Expliquant son geste, il parle de sa conviction que tout est fini pour lui, des souffrances qu'il endure, mais surtout il dit sa hantise qu'à court terme celle-ci ne puisse être endiguée. Devant tant de désespoir, l'équipe envisage de modifier sa méthode. Au lieu de lui donner des calmants au fur et à mesure de ses demandes, il est décidé de lui confier la totalité des antalgiques de la journée, en lui laissant le soin de moduler les prises en fonction de ses besoins. Le résultat en est spectaculaire ; sa consommation se trouve réduite assez rapidement dans des proportions très significatives, en même temps que ses souffrances s'espacent. Voir à la fin de la journée une grande partie des doses non utilisées est pour lui d'un grand réconfort et incite ce sportif à améliorer son score. Il peut à nouveau se lever et même reprendre doucement ses activités sportives, sa crainte des conséquences douloureuses se trouvant apaisée par la réserve de calmants dont il dispose désormais. Il obtient une rémission inespérée et importante.

Cet exemple montre comment la conquête d'une autonomie dans le traitement de la souffrance permet au malade de quitter le cercle infernal où la douleur alimente l'angoisse et l'angoisse la douleur. Il montre aussi qu'en retrouvant des possibilités de plaisir, la douleur s'atténue.

Réponse institutionnelle à la douleur

Face à cette douleur dont on a vu qu'elle avait une résonnance importante auprès des soignants et des médecins, dont on constate l'omniprésence dans la phase du mourir, on peut s'interroger sur la réponse qui est apportée par l'institution hospitalière. Comment cette douleur est-elle reconnue? quelle stratégie se développe pour lutter contre elle? quelles règles? quelles consignes?

L'organisation de la réponse à la douleur reste fidèle à l'organisation générale de l'institution hospitalière. La responsabilité en incombe aux médecins. Pourtant, en ce domaine, ils sont moins bien armés que dans les autres. Tout d'abord parce qu'ils sont, moins que les soignants, les témoins directs de la souffrance; parce que la douleur sort également du domaine relativement objectif pour être, par excellence, celui où la subjectivité du malade triomphe. Le fait que la souffrance ne soit pas quantifiable, qu'elle échappe le plus souvent à toute tentative d'analyse, qu'elle soit incontrôlable autrement que par la parole du malade, empêche l'institution de la reconnaître autrement que comme une sorte de fatalité qui accompagne la plupart des actes et s'étend comme une ombre sur la vie des malades.

Ces malades, s'ils sont la raison d'être de l'hôpital en sont aussi le dernier maillon. Cette situation rend plus difficile une démarche qui leur accorderait une place importante, celle de détenteur d'une connaissance. Tout ceci est pathogène pour l'hôpital qui s'en remet totalement au médecin, celui-ci ayant la charge d'apprécier l'importance de la douleur et de déterminer ce qu'il y a lieu de faire.

Or, il n'existe pas de réel consensus sur ce point. Certains pensent que la douleur est un mal absolu dont il convient à tout prix de débarrasser le malade, y compris par des traitements préventifs qui éloigneraient de lui, l'idée même de souffrance. Cette attitude est justifiée par les mécanismes d'auto-entretien dans le cycle angoisse-douleur et une tendance soutient qu'en éradiquant la souffrance du corps et de l'esprit du malade, on lui permet de concentrer son énergie sur la lutte contre la maladie. Les progrès de la pharmacologie autorisent désormais cette démarche.

D'autres, tout aussi désireux d'atténuer la souffrance mais, connaissant les effets induits par la plupart des antalgiques, hésitent à y recourir de manière systématique, conscients que l'emploi répété des drogues peut entamer la personnalité des malades mais surtout accélérer leur fin. Le risque d'une toxicomanie demeure ici vivace, comme l'inquiétude que par les effets de l'accoutumance, le moment vienne ou plus rien ne pourrait être fait sans mettre en péril «la vie» du malade.

Entre ces deux points de vue, le comportement adopté dépend bien sûr de la conviction du médecin mais aussi de l'état du malade et de la pression de l'équipe soignante; pourtant, le comportement adopté sera souvent la rationalisation de convictions plus profondes, liées à la signification ambiguë de la souffrance. Elle apparaît souvent dans notre civilisation comme la conséquence de la malédiction originelle indissociable de la qualité d'homme («tu enfanteras dans la douleur», demeure pour beaucoup une vérité profonde); elle recèle une valeur rédemptrice et il convient peut-être de ne pas en faire l'économie aux approches de la mort. Ajoutons à cela que pour certains, l'emploi massif de drogues et l'euthanasie active sont séparés par une frontière bien mince.

Dans quelques hôpitaux et principalement dans les pays anglo-saxons, une tentative de réponse institutionnelle à la douleur a conduit à la création de cliniques spécialisées où le mal à vaincre est la souffrance. Ce sont à l'origine les «pains clinics», dont Saint Christopher's hospice à Londres.

Sans nier l'intérêt d'une démarche qui permet d'utiliser les derniers progrès scientifiques, il faut cependant noter qu'elle concerne pour l'essentiel des malades en phase terminale. On peut s'interroger, au-delà d'une solution dont l'inspiration humanitaire est incontestable, sur la signification profonde pour l'institution hospitalière et à travers elle pour notre société, d'une solution qui confine une forme du Mal, ici la souffrance, dans des lieux spécialisés.

L'historique de l'hôpital nous a montré la tendance naturelle de nos sociétés à se débarasser, par l'enfermement, des pathologies qui l'agressent. Devant l'obligation qui lui serait faite d'assumer la mort douloureuse qui la perturbe, l'institution hospitalière chercherait à créer sous son contrôle, mais en les plaçant à l'écart, des services spécialisés qui, chargés de gérer la mort douloureuse, permettraient aussi de la mettre à distance. Ainsi seraient masquées d'un seul mouvement, deux réalités pathogènes pour l'institution hospitalière : la souffrance et la mort.

LE TRAVAIL DU TREPAS

Les incapacités, la déchéance physique, la souffrance, sont autant de signes tangibles qui peuvent, pour le grand malade, baliser une trajectoire dont l'issue est la mort.

Deux approches permettent de mieux comprendre ce qu'est la relation qui s'établit entre le mourant et ses soignants en même temps qu'elles fournissent les éléments d'une connaissance de la psychologie du mourir dont on a vu que les soignants étaient singulièrement démunis. A ce titre, elles constituent les fondements indispensables d'une réflexion sur le mourir et d'une formation à ce type de relation très particulier qui s'instaure entre le soignant et le malade quand celui-ci vit ses derniers moments. Nous verrons en particulier que le soignant peut être amené à jouer un rôle capital dans ce travail du trépas.

Les évolutions psychologiques qui accompagnent ce processus ont été décrites par Elisabeth Kübler-Ross et on peut parler d'une trajectoire psychologique du mourir. Elle concerne la manière dont le malade prend progressivement conscience d'un déroulement inexorable dont l'issue est fatale. Une autre approche, qui n'est d'ailleurs pas contradictoire mais complémentaire, doit aussi prendre en compte les modifications du fonctionnement psychique du mourant; ce sera le travail du trépas tel que l'a décrit Michel de M'Uzan : «les deux traits essentiels caractérisant l'approche de la mort sont *l'expansion libidinale et l'exaltation relationnelle*». Des exemples nombreux viennent confirmer que les approches de la mort peuvent être un moment privilégié où s'exprime une volonté de vivre qui surprend, choque parfois l'entourage.

Le même auteur cite le cas dont il eut personnellement connaissance, d'une jeune femme parvenue au dernier stade d'une généralisation cancéreuse et qui noua une relation amoureuse complète avec un de ses chirurgiens, celui-là même qui l'avait informée clairement de son état et par conséquent du pronostic. L'un de nos stagiaires médecin vécut la même expérience avec l'une de ses malades. Même si le tabou qui entoure la sexualité limite l'expression des soignants à ce sujet, les exemples ne manquent pas non plus de relations amoureuses entre des malades; ceci est particulièrement vrai chez les personnes âgées.

Cette expansion libidinale ne se limite pas à la sexualité et peut toucher tout aussi bien la création artistique, la vie matérielle, témoin cet homme qui, au cours des dernières semaines de son existence, fit procéder à la réfection complète de la toiture de sa maison, travaux dont la nécessité n'avait rien d'évident et que sa fille dut organiser puis surveiller, aiguillonnée en permanence par son père. Dans la création artistique, combien d'œuvres et pas des plus mineures ont été réalisées par des écrivains dans leurs derniers moments [3].

Cette soif de vie peut aussi se manifester plus simplement par un appétit retrouvé, des malades nourris par sonde gastrique qui réclament avec insistance du foie gras, du champagne ou une orange, envies qui paraissent déraisonnables comme peut l'être le désir de sortir de l'hôpital une dernière fois pour assister à un évènement important ou revoir les lieux de sa vie.

Le cas suivant fut évoqué par des stagiaires :

Une femme hospitalisée dans leur service, cadre supérieur de 50 ans, n'ayant plus que quelques semaines à vivre et dans un état physique déplorable, réussit à organiser de son lit, avec un simple téléphone, un banquet réunissant toute sa famille y compris le cousinage. Ce banquet eut lieu comme elle l'avait décidé dans la maison de sa grand-mère qui ne lui appartenait pourtant plus, banquet auquel elle assista après avoir obtenu de l'équipe médicale un véritable «doping» pour être en forme pendant deux jours.

Ces manifestations qui témoignent d'un appétit de vie, sont presque inconvenantes, «ces mourants qui mangent avec voracité, qui cherchent à séduire, qui ont des fantaisies érotiques, qui vivent intensément, ont un sentiment d'exister qui fait souvent défaut au vivant perdu dans l'ordre du «faire»[4].

L'appétence relationnelle conduit le malade à rechercher une relation fusionnelle et exclusive avec une personne que M. de M'Uzan appelle «l'objet-clé». Un membre de la famille ou un proche peut jouer ce rôle mais bien souvent il se dérobe, soit qu'il continue à nier les risques d'une issue fatale, soit qu'il s'en sente incapable, du fait même de l'intensité de ses relations affectives avec le malade, soit enfin parce qu'il se sent démuni, la socialisation actuelle à la mort étant principalement faite de négation, les survivants étant moins que jamais préparés à ce genre d'accompagnement. On a évoqué plus haut le cas de cette jeune femme mourante, renvoyée à l'hôpital par son mari incapable de supporter sa présence et sans doute encore moins d'assumer le rôle d'objet-clé.

Accueillir cette sollicitation du mourant et y répondre est sans doute l'une des choses les plus difficiles et des plus lourdes qui soit demandée au soignant. Cette prise en charge peut être facilitée dans le cas d'une élection mutuelle; on a parlé du malade élu et de son soignant privilégié et cité le cas de Bernadette et l'artisan chez lequel on retrouve une mise à l'écart des proches, ici l'épouse[5].

L'intensité même de la relation que souhaite le mourant et à laquelle devrait répondre avec la même intensité le soignant, fait qu'elle sort du cadre fonctionnel de la relation de soin. Elle ne peut se réaliser que de manière fortuite, par la rencontre de deux personnes oubliant en quelque sorte leur statut respectif, réunis qu'ils seraient par un choix mutuel.

Pourtant, cette situation n'est pas sans rapport avec la situation analytique ou plus généralement avec une situation de thérapie. On y trouve en effet un patient fortement impliqué sur le plan affectif et émotionnel et un analyste, un thérapeute, capable d'apporter à son patient une attention réelle, nouant avec lui une relation dans laquelle il s'investit différemment. Cette différence est d'ailleurs une condition de l'efficience d'une thérapie.

Cette situation enfin, se rapproche de celles vécues par les soignants au cours de la formation. Lorsqu'un membre du groupe fait part de ses phantasmes, de ses angoisses par rapport à la mort, il sait trouver une attention, une sympathie de la part des autres membres du groupe comme du formateur, qui autorise son expression mais n'exige pas des autres une affection inconditionnelle et permanente. De la même manière, témoin de l'expression de cette angoisse, il constate qu'il peut l'entendre, la comprendre, d'une certaine manière y participer sans pour autant s'en trouver envahi. Comme nous l'avons noté, la vie du groupe en formation reproduit de façon symbolique, une forme de relation possible entre le soignant et le mourant.

Nous avons observé très fréquemment à l'issue de cette formation, d'importants mouvements de vie chez les soignants, quelque chose de l'ordre de l'expansion libidinale, qui s'apparente à celle manifestée par les mourants dans leur travail du trépas. Quelques exemples illustrent ce que nous entendons par expansion libidinale et montrent comment des modifications intervenues dans la vie de certains stagiaires, découlent de cette formation.

Plusieurs décidèrent de prendre une année sabbatique pour suivre, en particulier, l'école des cadres. Cette décision impliquait la perte de rémunération pendant la durée des études mais correspondait à un désir profond de changement de responsabilité dans le cadre hospitalier. Une autre, surveillante, qui avait souhaité depuis longtemps travailler avec une organisation humanitaire est partie comme infirmière en Afrique pendant deux ans; elle avait réalisé à quel point le risque qu'elle avait jusqu'alors refusé de prendre, était de peu d'importance à côté de ce désir profond qui méritait bien de lui sacrifier une certaine sécurité. Deux aide-soignantes d'hôpitaux distincts, dans l'impossibilité d'avoir un autre enfant bien que l'ensemble des examens médicaux n'aient rien décelé, ont été enceintes dans les mois qui ont suivi la formation.

D'autres exemples peut-être moins spectaculaires mais tout aussi significatifs de cette volonté de vivre plus et mieux, ont fait l'objet de témoignages de nombreux soignants, soit en évaluation, soit au cours d'entretiens personnels. Ce fut le cas de l'une d'elle qui, au cours des 5 mois du cycle de formation, se transforma radicalement, perdant 20 kg, changeant complètement d'apparence («de look»). Elle expliquera qu'à l'issue d'une session, le travail effectué sur l'image du corps l'avait interpellée, qu'elle avait décidé de ne plus se résigner à un poids excessif. Le traitement qu'elle avait suivi, avait non seulement résorbé cette obésité mais l'avait conduite à un changement de vestiaire, de coiffure, etc.

Désormais elle se plaisait et ses relations avec les autres en étaient profondément modifiées.

On peut s'étonner à juste titre que la fréquentation permanente de la mort n'ait pas entraîné plus tôt l'émergence de ces mouvements de vie. Mais il faut bien admettre que si la mort est omniprésente, elle reste l'objet du tabou qui en interdit souvent la prise en compte par l'équipe soignante; faute d'être l'objet d'une expression personnelle et collective, la mort de l'autre reste comme un évènement extérieur qui, s'il est douloureux et angoissant, ne remet pas en cause un sentiment inconscient d'immortalité. Le seul fait d'un partage des sentiments, des émotions qu'ont suscitées ces expériences de la mort de l'autre, lui donne une réalité (mais il a fallu pour celà rompre avec le discours social : «la mort n'existe pas»). La réflexion sur la mort de l'Autre devient alors inévitablement réflexion sur la mort de soi.

En outre, le travail d'implication personnelle proposé au cours de la formation, amène les stagiaires à anticiper leur propre mourir, en d'autres termes, à le phantasmer. Ceci, bien plus que le côtoiement dans la réalité du travail du trépas de leurs malades, les amène à découvrir la nature de leurs mouvements de vie, à en constater parfois le caractère limité ou encore la censure qu'ils exercent de manière inconsciente sur ces pulsions de vie. Il n'est pas étonnant, dès lors, que cette prise de conscience conduise la plupart d'entre eux à des remises en question des valeurs autour desquelles s'articulent leur propre vie.

Mais la capacité du soignant à répondre à la demande du mourant, est loin d'être toujours assurée. L'impossibilité dans laquelle il se trouve d'y répondre chaque fois, suscite chez lui un sentiment de culpabilité dont les manifestations concrètes sont le plus souvent la fuite ou l'agressivité. La fuite se traduira bien sûr par une limitation au strict minimum du temps de présence auprès du malade, voire par une rupture totale de la relation, ce qui impliquera une réorganisation, des affectations au sein du service; elle peut aller dans certains cas, jusqu'à un arrêt de travail, la récupération de jours de repos qui n'est plus motivée par des raisons de convenance personnelle mais bien par une sorte d'obligation d'un éloignement physique de l'objet et du lieu de culpabilité.

Dans d'autres cas, le malade élu deviendra l'objet du ressentiment et de l'agressivité et se trouvera complètement rejeté. On se souvient du cas de Christine et de son malade. Mais ces comportements ne sont que des palliatifs momentanés et le sentiment de culpabilité ne cessera pas avec la disparition du malade, comme en témoignent les expériences dont font état les stagiaires, plusieurs années parfois après qu'elles aient eu lieu.

Françoise, infirmière dans un service de «moyen séjour» s'était dérobée à la demande pressante d'une vieille dame qui voulait qu'on lui tienne la main pour mourir; elle appelait sans cesse, tendait le bras à travers les barreaux des bas-côtés du lit quand Françoise venait vérifier sa perfusion, suppliait du regard, de la parole. Françoise n'a pas eu la force de rester auprès d'elle et elle a su qu'elle était morte quand elle ne l'a plus entendu appeler. Depuis douze ans cette scène envahit ses rêves et elle n'a pu se débarasser de ce souvenir obsédant et culpabilisant qu'en l'exprimant dans un groupe de formation.

Le groupe de formation est un des rares lieu, le seul peut-être, où peuvent s'exprimer les phantasmes, les réactions de recul et les sentiments de culpabilité. Les phantasmes sont pour l'essentiel centrés sur la peur d'être entraîné dans la mort, phagocyté par le mourant. Ils se nourrissent de cette crainte irrationnelle qu'en tenant la main du mourant, on puisse basculer avec lui hors de la vie; c'est le fondement même de l'angoisse de la mort de l'Autre. Une compréhension de la demande du mourant permet souvent de la dédramatiser, de constater qu'elle est moins envahissante qu'il n'y paraît, qu'il est possible d'y répondre sans en être pour autant déstabilisé. Ceci suppose en particulier que l'émotion ne soit pas considérée systématiquement comme un sentiment destructeur mais au contraire que parfois, il peut avoir une vertu structurante.

Le cas de Pierre, travaillant dans un service de long séjour illustre ce propos.

C'est un homme très émotif et même s'il revendique cette émotivité, il ne supporte pas que les autres la lui renvoient comme un signe de fragilité; mais il a, de ce fait, le plus grand mal à accepter une implication trop importante auprès de ses malades, même si leur mort doit le bouleverser.

En cours de formation, il ressent de la part d'une de ses malades, une femme de 79 ans, une recherche de dialogue mais discrète; plutôt que de l'éluder, ce qu'il fait d'ordinaire, il décide d'y répondre parce que ce jour-là il se sent prêt à le faire : «que puis-je pour vous?» — «j'aimerais vous confier certaines choses avant de mourir» Pierre s'assied auprès d'elle en lui tenant la main. «Tout le monde croit que j'ai été heureuse, mon mari comme mes enfants; en réalité j'ai mené une vie terne... Je voulais que quelqu'un le sache avant que je disparaisse et vous êtes le seul à qui j'en ai jamais parlé». Tout ceci est exprimé avec une émotion réciproque.

Le lendemain elle lui dira toute sa reconnaissance et combien cet entretien a été important pour elle et lui permettra de mourir plus tranquille. Une connivence s'est instaurée entre eux sans qu'il y ait d'autres conversations personnelles et elle s'éteindra paisiblement quelques temps plus tard.

Pierre nous dira sa surprise de constater que les exigences de cette vieille dame étaient importantes pour elle mais finalement limitées, que l'émotion qu'ils avaient partagée, ne l'avait pas «démoli» (sic) comme celà lui arrive quand il fuit une relation impliquante, fuite qui engendre un sentiment de culpabilité.

LE PARCOURS PSYCHOLOGIQUE DU MOURANT

Ce travail du trépas se manifeste aussi à travers une évolution psychologique qu'Elisabeth Kubler Ross a mis en évidence et qui peut conduire le mourant de la négation à l'acceptation de sa mort. Ses travaux, unanimement reconnus, sont à l'origine, en particulier aux U.S.A, d'une nouvelle approche de la mort.

Elle définit cinq phases du mourir : négation, révolte, négociation, dépression et acceptation. On peut s'étonner d'une codification aussi stricte et par là, mettre en doute sa pertinence ; mais il ne s'agit pas de chapitres obligatoires dans une histoire intangible et répétitive, mais plutôt d'un certain nombre de repères. Si d'une manière générale l'ordre est respecté, il arrive bien sûr que certaines phases soient absentes ou impossibles à reconnaître. De même, des retours en arrière sont également possibles. Le malade, parvenu au stade de l'acceptation, pourra quelques temps plus tard, en revenir à une phase de révolte ou de dépression et l'entourage, la famille comme les soignants, jouent souvent un rôle important dans la manière dont sont parcourues ces différentes phases. Mais comme le note M. Berger[6] : «il nous est difficile de critiquer la description des cinq stades de E. Kübler Ross, quand on sait l'usage que font certains psychiatres débutants de la classification, stade oral, anal et génital, avant d'y introduire la souplesse nécessaire».

Ce cadre général rencontre le plus souvent l'expérience des soignants. Sa connaissance leur permet de mieux comprendre certaines attitudes qui restaient jusque-là sans explication. Cette meilleure compréhension est nécessaire pour que la réponse qu'apporte le soignant soit plus adaptée à la demande du mourant.

La dénégation

C'est le refus de reconnaître qu'une maladie peut avoir ou a un caractère de gravité, qu'elle est potentiellement mortelle. C'est le cas de malades hospitalisés, soumis à des traitements éprouvants dont chacun sait qu'ils correspondent à des diagnostics très inquiétants et qui font tout de même des projets de voyage dans un proche avenir. C'est aussi ce type de malade qui interrompt un traitement ou ne revient pas pour une nouvelle série de chimiothérapie aux dates qui lui avaient été fixées.

Que cette négation reflète une inconscience totale ou que sa véhémence marque l'apparition du doute, il est certain qu'elle est rarement contredite par l'équipe soignante car elle coïncide trop bien avec le parti-pris omniprésent de négation de la mort. De plus, elle y voit les ultimes moments de tranquilité, comme une période de sursis, avant que, prenant conscience de son état, le malade se trouve en face de l'angoisse de la mort. Mais ceci ne va pas sans un certain soulagement car, parler de la mort est bouleversant et lorsque le malade «saura», il deviendra difficile d'ignorer ses questions, d'éluder les réponses.

Le soignant n'a pourtant pas à contredire ce besoin de dénégation qui est sans doute à ce stade, la seule défense que puisse élever le malade. Il doit cependant s'assurer qu'elle n'est pas le résultat de sa propre projection. Une phrase peut résumer l'attitude du soignant : «heureusement pour *lui* il ne se rend pas compte», mais elle peut s'entendre «heureusement pour *moi*, il ne se rend pas compte».

Le travail en formation sur cette phase, s'il a pour objectif de déceler, comprendre la réaction du malade, porte essentiellement sur la propre dénégation du soignant afin qu'il en mesure l'ampleur et les conséquences qu'elle a auprès du mourant. Elle peut freiner son évolution, le confiner dans cette phase, mais peut aussi l'inciter à maintenir le même discours s'il pressent que ses soignants sont incapables d'en entendre un autre. Là encore, par un mécanisme de suradaptation, le mourant se moule dans une règle implicite comme si, par une sorte de retournement, c'était à lui de protéger ses soignants. La dénégation du soignant peut même l'empêcher d'entendre les paroles du mourant concernant sa mort.

La révolte

La prise de conscience se traduit souvent par de la révolte et témoigne d'un sentiment d'injustice : «pourquoi moi? pourquoi maintenant?». Faute de pouvoir s'en prendre à la terre entière, le malade exprime sa révolte par une attitude agressive vis-à-vis de ses proches : sa famille et l'équipe soignante. C'est la phase la plus conflictuelle des relations de soin, d'autant que l'objet de la révolte n'est pas explicité. Ce sont les actes quotidiens qui donnent lieu à des récriminations incessantes, des critiques acerbes et souvent injustifiées : «vous n'allez pas me trouver la veine comme d'habitude» ou bien encore «combien de fois faut-il sonner pour que vous répondiez?...»

Ces attitudes suscitent de la part des soignants des réactions diversifiées. Même s'ils comprennent l'origine profonde de cette agressivité, il s'en sentent la cible et la cause; elle les atteint donc sur le plan émotionnel comme sur le plan professionnel. La réponse dépend bien sûr de multiples facteurs; le tempérament personnel, le type de relation qui s'est instauré avec le malade, la nature et le motif de ce comportement, etc. Quelques-uns y répondront sur le même ton, mais le plus souvent, l'habitude et l'intériorisation de la règle qui place les soignants au service du malade, atténueront ces réactions qui, si elles restent agressives, seront toutefois feutrées. Le soignant pourra quitter la chambre, décrétant que le malade est difficile et s'organisant pour supprimer les occasions de heurts c'est-à-dire de contact. Et cette révolte qu'il n'aura plus la possibilité de crier, loin de diminuer, aura tendance à s'exacerber.

Mais l'extrême indulgence de certains soignants qui ignorent les manifestations du mourant en les supportant sans se départir de leur calme, peut être une attitude encore moins tolérable pour lui; il est ainsi mis en face de sa totale impuissance à atteindre le soignant, à moins que ces paroles lénifiantes ne soient pour lui le signe de la gravité de son état; cette tolérance exprimant peut-être de manière symbolique qu'il n'est plus désormais tout à fait dans le monde des vivants.

Comprendre que cette révolte est justifiée, l'expérimenter à travers des jeux de rôle et en admettre la légitimité est une première étape du travail qui se fait en formation. Mais la révolte du malade n'a pas pour objet le soignant lui-même; il n'est ici que la cible d'un déplacement. Faute de pouvoir exprimer son objet profond, le malade trouvera des objets substituts, l'inconfort, la souffrance, etc. Une prise de conscience permet de dédramatiser des relations conflictuelles, une fois admise la légitimité de la révolte et le déplacement qu'elle engendre. Mais le formateur cherchera également à faire prendre conscience aux stagiaires que c'est en partie leur attitude qui a rendu nécessaire ce déplacement, en restant eux-même en phase de dénégation («il ne se rend pas compte de la gravité de son cas»).

La négociation

Elle correspond à un stade où le malade commence à accepter l'idée d'une mort prochaine mais réclame comme un sursis et exprimera des désirs, des besoins. C'est une sorte de «oui mais» : «je sais que je vais mourir, mais auparavant je voudrais...». Ceci se concrétisera dans des demandes, des exigences que bien souvent l'équipe hospitalière ne sera pas en mesure de satisfaire même si elle en saisit l'importance et le caractère urgent.

On se trouve ici confronté à deux perspectives distinctes sinon contradictoires. D'un côté, celle des bien portants pour lesquels le seul espoir exprimable (raisonnable) serait celui de la guérison ou du moins d'une rémission significative, de l'autre côté, celle des mourants qui sont des vivants, peut être pour peu de temps, mais conservent le désir d'exprimer par des actes, une vie qui ne les a pas encore quittés. L'expression de ces désirs est, pour les survivants, comme inconvenante, comme si le mourant sortait de son rôle. On attend de lui qu'il se prépare à la mort, on accepterait des désirs qui s'inscriraient dans cette perspective (ne pas souffrir, revoir ses enfants....); tout autre souhait semble témoigner d'un refus, d'une nouvelle dénégation. Nous formulons l'hypothèse que la phase de négociation n'existerait qu'en réaction à la méconnaissance, de la part des soignants, de ces mouvements libidinaux; non seulement elle occulte leur existence mais elle vise à les supprimer en leur refusant toute satisfaction. Il faut souligner toutefois que ces désirs renvoient souvent les soignants à leur impuissance car les satisfaire, dans la mesure où ils ont été entendus et acceptés, exige des batailles contre les habitudes, parfois contre l'institution et surtout contre une norme qui définit, fût-ce implicitement, les droits et surtout les devoirs des mourants.

Amener les soignants à entendre ces demandes et à chercher à les satisfaire, passe par une modification de la manière dont ces bien portants perçoivent le mourant, non comme des exclus du champ de la vie mais comme des vivants à part entière ayant à ce titre des mouvements libidinaux qu'il faut accepter. Travail considérable qui ne peut qu'être ébauché au cours de la formation. Ceci peut se faire à travers des mises en situation qui, malgré leur caractère artificiel, permettront aux stagiaires de comprendre les demandes de leurs malades.

Ce travail correspond à une très forte implication personnelle puisque, pour chacun, il porte sur sa propre mort. Il permet effectivement de réaliser, à travers la force de ses propres souhaits, la signification et l'importance de ceux des malades dans leur négociation.

Le cas de Mme Marie et son bassin d'Arcachon illustre tout à la fois les désirs d'un mourant, la façon dont il les négocie et les réponses que donnent les soignants.

Mme Marie, âgée de 72 ans, est depuis 4 ans dans un service de long séjour de la région bordelaise. Elle est paraplégique, atteinte d'une cataracte évolutive; c'est une personne très forte, difficile à mouvoir; elle est en outre très atteinte par des escarres. Le pronostic est mauvais, sa mort comme sa cécité totale sont affaire de semaines. Par ailleurs elle est veuve sans enfants. Mme Marie a été jusqu'alors une malade facile ayant de bonnes relations avec ses soignants. Or, depuis quelques semaines son comportement a changé, elle devient difficile, «odieuse» (*sic*) disent certains, n'arrêtant pas de contester les soins qu'on lui fait et parlant sans cesse de *son* bassin d'Arcachon où elle a toujours vécu. A certains elle dit féquemment : «je vais mourir et je n'aurai pas revu ma maison, je vais mourir et je n'aurai pas revu mon bassin». Cette demande était jusqu'alors passée pour un des leit-motivs de ses plaintes et non comme l'expression d'un désir effectif.

L'idée que cette malade est peut-être en phase de négociation (c'est le thème de la session) s'impose progressivement au groupe y compris aux trois soignants qui ont Mme Marie en charge. Mais ils se sentent impuissants à répondre à cette demande qu'ils ont désormais comprise : «elle est impotente, mourante, elle y voit à peine, comment voulez-vous faire? ce n'est pas raisonnable!». D'autres membres du groupe se mettent à envisager des solutions pratiques, réfutent peu à peu les différentes objections et arrivent à convaincre ces soignants que ce n'est peut être pas impossible. Lors de la session suivante, nous apprendrons de leur bouche que Mme Marie a revu son bassin d'Arcachon. Elle a été transportée en ambulance, accompagnée par une aide-soignante qui lui a consacré un après-midi de libre. Une négociation avec l'assistante sociale a permis d'organiser ce voyage. Mme Marie est immensément reconnaissante et heureuse; elle est redevenue la malade agréable qu'ils avaient toujours connu. Elle s'est éteinte quelques temps plus tard dans la sérénité.

La dépression

Quand la négation n'est plus possible, quand le malade n'a plus d'énergie pour une révolte ni même pour exprimer des désirs (à quoi bon?) vient la phase de dépression qui est sans doute par excellence la phase où s'effectue un travail de deuil de sa propre vie. Tous les souvenirs sont autant d'occasions de mesurer ce qu'il perd, d'abandonner progressivement tout ce qu'il a été, avec la perspective angoissante d'un après inconnu. Cette phase est aussi celle du repli sur soi, du silence mais aussi des pleurs. «Quitter ce monde est plus triste que de devenir veuf ou veuve. *Mourir est le temps normal pour être triste et pleurer*» dit Elisabeth Kübler Ross. Chez le personnel se disputent deux sentiments contradictoires; celui qui résulte de leur impuissance à soulager ce qui se manifeste avec plus de force par le silence et les pleurs que par les cris et la colère, mais également un certain soulagement car ce silence est d'une certaine manière, une garantie que le mourant ne cherchera pas à leur parler de sa mort.

Si ce désespoir reste discret, l'entourage hospitalier aura tendance à l'occulter ou à le banaliser, ou bien tenter d'y répondre par des encouragements souvent maladroits (le terme «remonter le moral» cache parfois bien des cruautés tout à fait involontaires).

Si les manifestations de cette dépression sont par trop visibles et s'expriment notamment par des pleurs, marque d'une émotion intense, le désir de fuir s'empare des soignants, tant est insupportable l'image d'une émotion et surtout l'idée de devoir la partager. C'est particulièrement en référence à cette phase dépressive qu'une réflexion et un travail sur l'émotion a une importance capitale. C'est ce travail qui peut permettre une amélioration de la qualité de relation dans ces moments-là. Il reste que si la dépression est trop importante, la tentation se fait jour de la psychiatriser, une manière de transférer à d'autres le soin de la prendre en charge.

L'acceptation

La dernière étape est l'acceptation. Si le malade a fait le deuil de sa vie, a perdu l'espoir d'une rémission, il peut atteindre une forme de sérénité. C'est souvent au cours de cette période que le mourant règlera ses dernières affaires, qu'elles soient d'ordre affectif, spirituel ou matériel.

Il dépend largement de l'entourage, de la famille comme des soignants, que le mourant puisse accomplir cette dernière étape sans crainte et sans réserve, car devant cette sérénité et cette certitude, les bien portants se trouvent confrontés à deux bouleversements. Ils sont obligés, à moins de fuir, d'accepter une relation qui inclut obligatoirement l'évocation de la mort. Ils constatent avec effarement que le mourant ne semble pas partager leur angoisse radicale devant la mort dont il s'approche. Quand Philippe Ariès[7] parle d'un «acceptable style of dying» en notant que «en définitive, le mourant n'a que deux droits, celui d'être discret : ne pas savoir qu'il va mourir, ou s'il le sait, ne pas le montrer («faire comme s'il ne savait pas»), afin que le personnel puisse à son tour ‹oublier qu'il sait›; celui d'être ouvert et réceptif aux messages qu'on lui envoie et d'obéir aux pronostics», il s'agit bien sûr d'un style acceptable pour les survivants qui peuvent de la sorte continuer à évoluer dans un monde où la mort n'apparaît que comme un évènement ponctuel mais dont l'impact est si fort qu'il faut à tout prix s'en protéger et le plus longtemps possible, fût-ce au détriment des désirs du mourant.

L'acceptation qui renoue avec une image apparemment dépassée de la «bonne mort», n'est donc pas le résultat de la seule démarche du malade, elle exige qu'y participent ceux qui l'entourent, qu'ils acceptent de l'accompagner et d'abord de l'entendre, qu'ils le reconnaissent jusqu'au dernier moment comme un être, vivant la dernière expérience de sa vie, souhaitant la partager aussi douloureuse fût-elle pour lui d'abord, pour les autres aussi.

Qu'il ne rencontre pas cette capacité à l'entendre et à accepter son ultime démarche, il n'aura plus qu'à se renfermer dans le silence, opposant aux autres le masque de l'ignorance, les confortant dans l'idée que, si eux savent, lui ne sait pas; bref, s'obligeant à une ultime suradaptation qui préservera peut-être quelques chances d'une relation, largement vidée de son sens puisqu'elle exclura l'essentiel, à moins que le malade ne rencontre un proche acceptant cette relation, quelqu'un qui devienne le partenaire dans une relation fusionnelle.

L'appétence relationnelle dont parle Michel de M'Uzan qui trouverait dans le partage de cette expérience angoissante et fascinante une occasion privilégiée de s'assouvir, reste sans réponse,

Si cette démarche est difficile pour les soignants, elle l'est plus encore pour les membres de la famille. Quelle que soit l'importance des relations affectives qui ont pu se nouer entre le malade et un ou plusieurs membres de l'équipe soignante, elles ont rarement l'intensité d'une relation familiale. Le déphasage qui existe entre les sentiments du malade et ceux de sa famille, est ici particulièrement sensible. Car, comme le grand malade, son entourage suit une démarche très comparable et cette distorsion des états d'esprit interdit le plus souvent qu'une réelle communication puisse s'établir. Si un homme en est encore à nier la gravité de l'état de son épouse, comment celle-ci pourrait-elle envisager de lui faire partager la relative sérénité qu'elle a acquise si douloureusement? une mère révoltée par la maladie mortelle de son enfant, peut-elle même comprendre qu'il puisse envisager sa mort prochaine?[8] Il n'est pas rare, et c'est une source de souffrance pour l'entourage, de voir des mourants chercher à limiter les visites de leur famille, ne pouvant supporter les maladresses involontaires, les encouragements qui ne sont pas de mise, quitte à subir une solitude accrue.

Le soignant, s'il perçoit ce déphasage, peut jouer un rôle important en assumant auprès du mourant le rôle que ne sont pas en mesure de jouer ses proches et d'autre part, en atténuant auprès des familles l'impact douloureux que cette mise à distance ne peut manquer de provoquer.

Telle que nous l'avons décrite et les témoignages sont suffisament nombreux pour étayer cette description, la trajectoire du mourir aboutissant à la phase d'acceptation donne une image de la «bonne mort», bien proche de celle du riche laboureur de La Fontaine. S'agit-il du maintien au plus profond de la personne de l'image d'une mort immuable dont parle Philippe Ariès?

Qu'on ne s'y trompe pas; ce débat n'est pas seulement intellectuel, il est au cœur de la relation entre les soignants et les mourants. La distorsion entre les deux comportements empêche bien souvent ces deux protagonistes de se rejoindre. Elle entraîne souffrance, culpabilité, solitude, car elle s'inscrit à un moment où l'émotion envahit le champ de la conscience et où les actes posés ont un caractère irréparable.

NOTES

[1] Paul SCHILDER, *op. cit.*, p. 165.
[2] Maurice BERGER, *Psychothérapie médicales*, Masson, Paris, 1978, p. 116.
[3] On songe par exemple au journaliste du Monde P. Viansson-Ponté qui, apprenant que ses jours étaient comptés, voulut témoigner de la vie des cancéreux et écrivit «changer la mort» en collaboration avec L. Schwartzenberg; on songe également à Fritz Zorn qui écrivit l'admirable «Mars» dans une véritable course contre la montre avec la mort puisqu'il mourut quelques heures après avoir appris que son manuscrit était accepté par un éditeur.
[4] R. MENAHEM, *Perspectives Psychiatriques*, II, 66, *op. cit.*, 110.
[5] «Son épouse alertée est venue aussitôt; mais très vite il lui a demandé de partir car il se sentait fatigué... après son départ, nous avons longuement parlé ensemble».
[6] Maurice BERGER, *op. cit.*, p. 133.
[7] Philippe ARIES, *op. cit.*, p. 66.
[8] Une jeune mère dont la fillette de 5 ans était en phase terminale d'une leucémie, l'avait inscrite à l'école maternelle pour la rentrée prochaine et lui tricotait des pull over pour qu'elle n'ait pas froid en allant à l'école.

3ᵉ PARTIE
FORMATION

«la formation se présente d'abord comme une affaire de foi, de désir et de risque»

René Kaës

Chapitre 1
Mise en place de la formation : attentes et phantasmes

Que dire d'une formation centrée sur un tabou, celui de la mort. Le tabou n'a de force que dans la mesure où il est systématiquement évacué des relations et des échanges sociaux, où ce qui le concerne est frappé d'interdit. Rares ont été en effet, au moins jusqu'à une période récente, les travaux de recherche sur le mourir, plus rares encore et comme inconvenantes, les tentatives de faire diffuser auprès de ceux qui en auraient besoin, les connaissances acquises sur ce sujet. Bref, si la formation professionnelle des personnels soignants aborde de très nombreux aspects, le mourir en est toujours écarté. L'urgence comme l'importance d'un apport de connaissances s'en font donc d'autant plus sentir. Cet apport s'articule essentiellement autour de trois thèmes : les phases psychologiques du mourir, le langage symbolique du mourant et le travail du trépas. Cette démarche qui apparaît comme une transgression du tabou, transgression qui est d'abord le fait du formateur, devient progressivement celle de tous. A ce titre, cette formation interfère d'une manière contestataire avec le discours de l'institution qui tente encore de nier la mort et apporte ainsi une garantie à la négation sociale.

La formation telle que nous la définissons et la pratiquons, tient compte aussi des attentes souvent phantasmatiques que les soignants en formation, comme l'institution dont ils sont membres, ont élaboré de manière plus ou moins consciente; ces phantasmes qui rejoignent ou contredisent d'ailleurs ceux du formateur. Au-delà de ces attentes et de ces phantasmes insérés profondemément dans l'univers professionnel et ayant pour objet la restauration d'une pratique plus adéquate et moins douloureuse, cette formation touche de trop près la trajectoire de vie (et de mort) de chacun pour n'être que de nature professionnelle. Elle est provocation à des changements personnels; elle est à ce titre, une formation personnelle d'où n'est pas absente une démarche thérapeutique, car l'attente des soignants se réfère souvent aux besoins personnels de surmonter des situations pathogènes.

Les attentes de l'institution

L'examen des conditions dans lesquelles elle se décide, dans lesquelles s'effectue la négociation avec l'organisme prestataire ou le formateur et la mise en œuvre pratique, révèle la part prépondérante de l'institution. Deux démarches non exclusives sont à l'origine de la décision.

La première prend en compte des dysfonctionnements dans un ou plusieurs services, dysfonctionnement dont l'analyse a permis de reconnaître le côtoiement de la mort comme une des causes majeures. Bien sûr, ce constat découle le plus souvent de la collecte par voie hiérarchique des difficultés et des problèmes auxquels sont confrontés les soignants; mais les médiations successives qui conduisent à l'identification de l'objectif ou du thème de la formation, laissent peu de place aux attentes des différentes catégories de personnel. La demande de formation résultant d'une telle démarche peut s'apparenter à la recherche d'une thérapeutique susceptible de pallier ou d'atténuer des dysfonctionnements; en effet «le changement en question dans la thérapie est de l'ordre du passage d'un dysfonctionnement à un refonctionnement. Il s'agit souvent du déblocage d'un processus maturatif stoppé, entraînant l'impossibilité de vivre certaines situations autrement que dans la souffrance, dans l'échec, dans la confusion»[1]. Or, il s'agit bien de souffrance et d'échec pour l'équipe soignante face aux mourants.

La deuxième démarche est celle du libre choix par les soignants de thèmes de formation parmi un ensemble proposé par l'institution. La décision finale étant prise en fonction des désirs exprimés, mais aussi d'une politique générale de l'hôpital.

Dans les deux cas, la demande résultera d'une décision prise au sein de commissions paritaires, révélant ainsi le caractère éminemment institutionnel de cette formation.

Mais cette formation, du fait du cadre dans lequel elle s'inscrit et du projet qui la sous-tend, est placée sous le signe de l'ambiguïté. De plus, s'attaquant à un tabou majeur, elle apparaît comme une gageure.

L'ambiguïté est manifeste en tout et à tout moment. Si le thème de la formation est la relation aux mourants, ces derniers semblent singulièrement absents des préoccupations de l'institution qui est le demandeur. Il ne s'agit pas — du moins, rien dans le discours permet de le penser — de soulager une détresse. La politique d'humanisation du secteur hospitalier ne semble pas concerner le mourant. En réalité, la demande se fonde sur les dysfonctionnements qu'entraîne le côtoiement de la mort dans les services «à hauts risques». Mais là encore, le projet qui serait d'ordre thérapeutique reste flou alors qu'une consigne précise surnage : contenir les désordres à défaut de les faire disparaître, et le premier terme : contenir les désordres, est bien l'objectif prioritaire ; leur porter remède est souhaitable à condition que ces remèdes n'entraînent aucun bouleversement pour l'institution, et c'est bien là que se situe une première ambiguïté.

Le discours sur les objectifs («voyez ce que vous pouvez faire pour eux») semble laisser une grande marge de manœuvre et autoriser même une démarche qui s'apparenterait à l'intervention institutionnelle. Pourtant, lorsqu'il s'agira de mettre en œuvre les solutions qu'auront imaginés les soignants, elles se trouveront censurées si elles affectent, même modérément, le fonctionnement de l'hôpital.

A ces attentes ambiguës, se superpose parfois le sentiment que la formation est le tribut qu'il faut payer pour prouver aux soignants atteints par les désordres de la mort, que l'institution n'est pas indifférente, qu'elle reconnaît leurs difficultés à défaut de pouvoir les résoudre. Il faut noter d'ailleurs que dans toute formation du personnel hospitalier aux relations humaines, la mort apparaît comme le dénominateur commun des plus graves difficultés, mais que seuls des dysfonctionnements majeurs entraînent une décision de la prendre en compte en tant que telle dans une formation. Cette attitude est d'ailleurs cohérente dans un contexte où tout concourt à nier la mort. La demande des soignants n'est de ce fait guère explicitée et il appartiendra en fait au formateur de la faire s'exprimer au début de la formation.

Les attentes des soignants-stagiaires

Elles sont plus difficiles à cerner. La difficulté d'être, des soignants, s'exprime à travers un certain nombre de problèmes ponctuels dont l'unité et le sens ne leur sont pas toujours apparents. Cette confusion nous paraît la conséquence naturelle de la situation de souffrance et d'échec dans laquelle ils se trouvent par rapport aux mourants. Aussi, une première forme d'expression des attentes pourrait être la demande d'une meilleure adaptation à la situation vécue; dans leurs phantasmes, ils espèrent trouver le moyen de se protéger de cette situation anxiogène, tout en faisant l'économie d'une démarche personnelle. On peut ici établir un certain parallèlisme avec l'attitude des névrosés dans leur démarche de thérapie. Ils demandent moins un changement en profondeur qu'une meilleure adaptation à la situation névrotique. Dans le cas des soignants, on ressent également ce désir de faire disparaître la souffrance que génère le voisinage des mourants, en désaffectivant leurs relations. Ils accueilleraient volontiers des «recettes» qui leur permettraient cette mise à distance affective. L'intérêt incontestable qu'ils portent à une meilleure connaissance psychologique du mourir répond sans doute à deux motivations : mieux «aider» le mourant, mais aussi peut-être, déjouer sa demande de relation, ses tentatives de captation, sans le payer d'un sentiment de culpabilité.

Ils désirent «désinfecter» une situation qui bouleverse l'institution comme les personnes. Ils souhaitent, de manière plus ou moins consciente, trouver l'occasion et les moyens d'une mise à distance des affects. Ils espèrent même que puissent être éradiquées les implications émotionnelles et affectives du côtoiement de la mort. Pour eux, dans leurs phantasmes, désinfecter c'est en effet désaffectiver la relation, la débarrasser de sa charge émotionnelle considérée comme un sentiment parasite.

Ces sentiments sont considérés à juste titre comme pathogènes et il est bien compréhensible que le soignant veuille se débarrasser de ce fardeau qui empoisonne sa vie professionnelle, comme parfois sa vie personnelle. Ainsi, le désir de l'institution et le souhait du soignant se rencontreraient, confirmant le malade dans ce rôle d'objet de soins. Ils partagent l'un et l'autre la même utopie : celle de relations humaines vidées de tout contenu affectif qui, dès lors, cessent d'être relation. La cure de désinfection irait à son terme mortel, détruisant chez le soignant comme chez le malade, ce qui fait leur humanité : leur capacité de relation.

Mais si certains soignants viennent acquérir une formation professionnelle, d'autres cherchent, parfois inconsciemment, parfois de propos délibéré, une réponse à la souffrance qu'a engendrée chez eux, la mort d'un proche. Ils ressentent le besoin d'effectuer un travail de deuil que permettrait ailleurs une thérapie, et trouvent dans le cadre professionnel un substitut à cette démarche. Pour ceux-la, la demande est celle d'une formation personnelle. On trouvera dans la «chronique d'une formation» des exemples qui confirment cette démarche. Les attentes du groupe sont donc très diversifiées, comme le sont aussi les aptitudes à s'inscrire dans un processus d'évolution personnelle. Cette dualité des motivations apparaît comme une nouvelle ambiguïté qui diversifie encore les attentes des participants.

Les phantasmes du formateur

Aux attentes et aux phantasmes de l'institution et de ses membres-stagiaires, répondent le projet plus ou moins conscient du formateur et les phantasmes qui s'y rapportent. Si, comme l'affirme René Kaës, «la passion est mobilisée par l'idée et le fait de former»[2], une formation sur le thème de la mort ne peut qu'amplifier et exacerber la fantasmatique de la formation.

Les pulsions de mort qui restent présentes, parfois prêtes à l'emporter, se trouvent renforcées par l'objet même de la formation. Favoriser l'expression des pulsions de vie, les cultiver, les développer même, est plus que pour tout autre sujet de formation, la condition nécessaire qui permettra d'éviter que le formateur et le groupe ne soient happés dans la spirale de la destructivité. Ceci justifie l'importance donnée à l'expression des désirs de vie dans ces formations, afin que les mouvements de vie contrebalancent les mouvements de mort.

Que les stagiaires s'embarquant pour une sombre croisière, voient se réveiller et s'affirmer leurs pulsions de vie, ne peut que favoriser l'expression d'un second phantasme du formateur, celui de sa toute-puissance. Il pourrait se croire capable d'arracher les personnes en formation à l'angoisse et la dépression, leur apportant ainsi la possibilité d'une expérience qui, sans son action, pourrait être mortifère. Dans ce contexte, le formateur peut s'identifier ainsi à la puissance de la mère.

Il rejoint le phantasme de toute-puissance du soignant qui, dans la réalité, se voudrait plein d'enfants/malades, chargé de les soigner, de les protéger contre les dangers (ceux de la maladie et de la mort); il voudrait être identifié à l'idéal de la mère qui, illimitée dans ses ressources, aurait la capacité de donner du plaisir mais surtout de retarder le moment de la mort. Dans ce contexte, la demande que pourrait percevoir le formateur serait : «soyez avec nous comme nous voudrions être avec nos malades». Il lui faudrait fournir une sorte de modèle de cette mère «bonne et généreuse». Non seulement le phantasme d'omnipotence du formateur ne rencontrerait pas de résistance, mais il ne pourrait qu'être sollicité ou encouragé.

L'ambiguïté et sans doute le malentendu deviennent ici manifestes; en effet, si nous croyons qu'il faut désinfecter la relation, il ne s'agit en aucune sorte de la débarasser des affects car elle serait vidée de tout contenu; il s'agit plutôt d'écarter certaines réponses émotionnelles bien souvent inadaptées ou disproportionnées à la situation; faire que ces émotions ne soient plus stériles mais les utiliser comme moteur de changement et rompre l'enchaînement fatal : stérilité des émotions, leur inhibition rendant le soignant incapable de gérer la situation et encore moins de l'infléchir. Désinfecter la relation n'est donc pas la désaffectiver, c'est la débarrasser de la culpabilité et de l'angoisse, c'est la mettre à nu pour la mieux comprendre. La souffrance sera donnée (trop souvent sans doute) de surcroît, mais elle n'est en aucune sorte un objectif ou un remède. Désinfecter n'est pas aseptiser mais comprendre qu'aux besoins du malade, besoin de relation, de dialogue, le bouleversement émotionnel du soignant ne constitue pas une réponse adéquate et obligatoire.

Le malentendu devient alors évident entre le soignant dont l'attente serait d'écarter, d'effacer les implications émotionnelles et affectives qu'entraîne le côtoiement de la mort et le projet formulé par le formateur qui sait qu'aucune réponse ne pourra être apportée, si n'est pas prise en compte la dimension relationnelle d'un face à face où les deux partenaires devront s'investir affectivement. A ce titre, ces deux attentes, celle du formateur et celle du soignant, sont distinctes sinon contradictoires. L'un voudrait désaffectiver la relation, l'autre la débarrasser de la souffance stérile et de la culpabilité, tout en lui conservant sa valeur affective. L'écart entre les attentes des soignants et les réponses que peut apporter le formateur, conduit alors à deux comportements opposés.

Si le formé adopte un comportement de suradaptation, voulant répondre au-delà de ce qu'il souhaite, à ce qu'il pressent ou suppose chez le formateur, la formation se bornera pour lui à une «identification fusionnelle» qui ne répondra pas à ses propres besoins.

Si par contre le soignant refuse totalement le cheminement qui lui est proposé par le formateur, il érigera face au processus de formation, un refus lui permettant de surseoir à toute implication personnelle. C'est bien à mi-distance de cette «illusion fusionnelle» et d'un réalisme hostile que la formation sera fertile.

Enfin, parmi les attentes des stagiaires, figure la demande explicite d'un travail de deuil pour «guérir» de la blessure provoquée par la mort d'un proche, et la chronique qui suit le prouve amplement. Alors la frontière entre le formateur et le thérapeute se fait encore plus incertaine. «L'un et l'autre sont confrontés avec le développement de la capacité optimale de vie, au moyen de techniques et d'un art pour assurer protection et défense contre la mort et la destructivité.»[2]

Le parallèlisme est ici flagrant entre le phantasme du formateur et celui de l'institution hospitalière qui, dans son désir d'omnipotence, voudrait maîtriser la mort en repoussant toujours plus loin les limites de la vie, même si la pulsion de mort, toujours prête à ressurgir, peut s'inscrire dans la problématique de la mort «décidée».

NOTES

[1] Bernard HONORE, *Pour une pratique de la formation*, Payot, Paris, 1980.
[2] René KAES, *Fantasme et Formation*, Dunod, Paris, 1975.

Chapitre 2
Chronique d'une formation

Il nous a paru intéressant, à ce stade de notre réflexion, de donner au lecteur la possibilité de connaître la manière dont se déroule concrètement un cycle de formation sur ce thème. Celui-ci s'est déroulé de décembre 1987 à mai 1988, et il est fractionné en six sessions de deux jours, séparées par un intervalle moyen de 3 semaines. Nous verrons évoluer le groupe sur une période de près de 6 mois et des évènements extérieurs à la formation vont parfois intervenir qui modifieront le comportement des personnes et leur interaction avec le reste du groupe.Cette durée significative permet aussi de vérifier les infléchissements que la formation a engendré dans les attitudes et les pratiques de chacun.

Rassembler dans une chronique idéale les évènements les plus marquants observés au cours de nombreux stages, lui aurait sans doute donné un caractère plus exemplaire, mais nous avons préféré transcrire ici, avec tout son réalisme, ses imperfections et ses manques, le déroulement d'un cycle et d'un seul. Cette chronique est le reflet le plus exact possible d'une formation; elle est aussi le témoignage de la vie d'un groupe qui s'est constitué au long des semaines.

En effet, si la formation inclut un apport de connaissance, elle est largement orientée vers l'analyse par chacun des participants, des éléments de leurs dialogues et de leurs réactions face au mourant. L'implication personnelle qui va crescendo, interdit une programmation rigide et privilégie une réponse très flexible aux attentes et aux interrogations. «Saisir la balle au bond» est une exigence d'efficacité. Ceci n'exclut pas la réalisation du projet de formation, mais fait dépendre son déroulement de la vie du groupe.

Nous n'avons pas pensé souhaitable l'enregistrement des différentes sessions afin d'éviter tout risque de faire interférer le déroulement de la formation avec la présence discrète mais vigilante que constitue un magnétophone. C'est donc à partir des notes prises sur-le-champ et complétées aussitôt après que s'élabore cette chronique. Elle est, à ce titre, bien subjective et d'ailleurs la formatrice se mettra parfois en scène, soit par ses interventions, soit par ses réflexions qui figurent en italique dans le texte.

Chaque session commence par un moment plus ou moins long, intitulé «retrouvailles». Il s'agit là de permettre l'expression d'un travail personnel qui s'accomplit parfois et pour certains, au cours de l'inter-session. C'est aussi un moyen de renouer avec la trame, de s'inscrire dans une continuité retrouvée.

De même la «météo intérieure» qui inaugure la seconde journée d'une session, a un double rôle : intégrer à la vie du groupe les démarches ou réflexions personnelles accomplies dans la soirée ou la nuit qui suit la première journée, et permettre l'expression par chacun des résonnances et des «effets-retard», mais également pour la formatrice déceler d'éventuels troubles personnels qu'il lui faudra réguler.

Ce groupe de 15 personnes est exclusivement composé de femmes de 23 à 50 ans. Il comprend :

7 infirmières (infirmières diplômées d'Etat)
6 AS (aide-soignantes)
2 surveillantes

Il est composé de :

Francette, AS dans un service «long séjour» — 29 ans
Micheline, AS dans un service «long séjour» — 30 ans
Mado, AS dans un service de cardiologie — 30 ans
Thérèse, infirmière dans un service de cardiologie — 40 ans
Anne, infirmière dans un service «moyen séjour» — 28 ans
Lisette, AS dans un service «moyen séjour» — 50 ans
Georgette, infirmière dans un service de chirurgie — 35 ans
Isabelle, infirmière dans un service de carcinologie — 24 ans

Marie, AS dans un service de carcinologie — 31 ans
Michelle, surveillante du service de carcinologie — 34 ans
Roseline, infirmière dans un service de pédiatrie — 30 ans
Claudette, infirmière dans un service «long séjour» — 26 ans
Marie Claire, AS dans un service «moyen séjour» — 33 ans
Cathy, surveillante du service «moyen séjour» — 44 ans
Laurence, infirmière dans un service de chirurgie — 23 ans.

1re SESSION

Mercredi 9 décembre 1987

Un des premiers objectifs de cette session est de mettre en place des règles de vie du groupe, et d'insister sur une règle absolue de discrétion comme élément fondamental du respect des autres et conditions nécessaires à la liberté de parole.

Cette exigence est d'autant plus impérieuse s'agissant d'un groupe professionnel dont les participants interagissent en temps normal dans un contexte fonctionnel et hiérarchique. La règle de discrétion s'applique à plus forte raison à la formatrice liée par le secret professionnel et en particulier vis-à-vis de la direction de l'hôpital (ceci explique aussi que dans la suite de ce texte, les noms comme les situations et les lieux seront modifiés). L'insistance sur ce point est capitale; dans l'esprit des stagiaires participant à une formation décidée et payée par l'hôpital, la formatrice a une situation ambiguë («que fera-t-elle de ce qu'elle apprendra?»). Sa responsabilité s'exerce exclusivement au bénéfice des stagiaires et inclut sa disponibilité à quiconque souhaiterait, à un moment ou à un autre du stage, un entretien personnel sur tout problème soulevé par ce qui aurait été vécu ou dit en formation. Ce sont des préalables indispensables à la liberté et à la spontanéité de chacun des participants.

Un autre objectif sera la constitution du groupe; même si la prégnance du thème de formation a tendance à atténuer les phénomènes de groupe, elle ne les n'exclut pas pour autant. Cette constitution du groupe se fera à travers des exercices qui permettront une découverte mutuelle des personnes mais aussi de leur situation professionnelle, ce qui éclairera par la suite la signification des discours; bref, ils ont pour but de découvrir dans quelles pratiques, quelles réalités s'enracinent les relations avec les mourants.

Le fonctionnement en petit groupe, choisi de manière délibérée, facilite pour chacun ce qui est parfois une première expérience de prise de parole, en même temps qu'il en multiplie les occasions. Il veut démontrer également que la formatrice n'est pas l'élément central ni même indispensable, qu'un travail peut s'accomplir sans son concours, que le groupe et chacun des participants possède en lui-même une expérience dont il peut enrichir les autres. Que les échanges puissent se faire en dehors de la présence de la formatrice confirme, de manière implicite certes, qu'elle ne souhaite pas contrôler tout ce qui s'échange dans le groupe. Ceci témoigne plus encore que les précautions rappelées au début, l'absence d'une hiérarchie au sein du groupe, la mise en œuvre d'un autre type de relations qui ne reproduit en aucune manière les habituelles relations institutionnelles.

Enfin, un dernier objectif est en quelque sorte la re-négociation du contenu de la formation. Celui-ci résulte en effet, soit d'une demande de la base qui a été synthétisée par la direction, soit d'une décision de cette même direction et à laquelle la base a adhéré par la suite. Dans tous les cas, le risque d'une distorsion importante entre le projet et les attentes existe. Mais le repérage de ce qui les gratifie et de ce qui leur pose problème, est en soi un élément formateur comme d'ailleurs l'effort d'analyse consistant à exprimer, à partir de là, un besoin de formation.

Le groupe travaille et réfléchit à partir de deux questions : «qu'est-ce qui, dans votre travail, vous pose problème et vous gratifie? par rapport à celà qu'attendez-vous de cette formation?»

Après quelques moments de réflexion personnelle, un tableau général des aspects positifs et négatifs est dressé ainsi que celui des attentes :

Les gratifications

avoir soulagé ou apporté un peu de réconfort à un malade

la reconnaissance des familles

affinités avec certains malades

bonne entente et solidarité de l'équipe

la satisfaction du travail bien fait (*sic*)

se savoir utile à ses prochains.

Les problèmes

attachement affectif à certains malades

la «douleur-comédie» (*sic*)

problème des calmants pour les grands malades qu'il est difficile de faire prescrire par le médecin

l'habitude et la lassitude par rapport à l'agonie des malades

notre peur de mourir — notre identification au mourant

euthanasie — acharnement thérapeutique

infirmière-bourreau (*sic*) par rapport au mourant

relation avec les cancéreux à l'aspect rebutant

problème de dire la vérité au malade qui la demande.

Bien sûr, la liste des problèmes et des difficultés est plus longue que celle des éléments gratifiants. Ces derniers d'ailleurs, pourraient apparaître comme sans intérêt pour la détermination du contenu de la formation. Pourtant, ce double regard sur les aspects positifs comme sur les aspects négatifs correspond à un choix que l'on retrouvera tout au long du cycle en cherchant l'alternance entre le positif et le négatif, les mouvements de vie et les mouvements de mort, pour que la formation soit aussi à l'image de cette réalité.

On remarquera que la formatrice ne prend pas l'initiative d'aborder le thème du stage, la relation aux mourants, au cours de cette première journée. Ceci risquerait de renforcer l'appréhension, voire l'angoisse que suscite ce sujet et par là les résistances qui ne manqueraient pas de se consolider. Que le besoin (le désir) émerge du groupe est une condition indispensable pour un travail en profondeur. Il émergera le moment venu et dans ce groupe, ce sera à la fin de cette première journée, sans doute parce qu'il est trop tard pour le reprendre et le développer; c'est une façon d'aborder le problème sans risque.

A la fin de la première journée, certaines ont même exprimé à cette occasion leur désappointement de ne pas être rentré plus tôt «dans le *vif* du sujet» (*sic*). La formatrice assure que ce sera fait dès le lendemain matin.

Jeudi 10 décembre 1987

Répondant à la demande exprimée la veille, une approche du thème va se faire à travers un exercice d'implication personnelle. Il s'agit pour les stagiaires, de prendre conscience, au moins dans un futur lointain, de leur caractère mortel.

Exercice : «*imaginer le vieillard que vous serez*»; il est à noter que plus de la moitié des stagiaires s'occupent de personnes âgées. L'exercice a pour but, outre une réflexion sur leur propre vieillissement, de les amener à s'interroger sur la manière dont leurs malades vivent cet état.

Déroulement : les consignes qui sont données au début du travail, laissent toute initiative à chacun, en notant simplement que les aspects très concrets (à quoi ressemblerez-vous, comment vivrez-vous?) sont préférables à un discours général. Il est conseillé de prendre éventuellement quelques notes, étant entendu que chacun reste totalement libre de ce qu'il communique au groupe. Ce travail durera, de fait, près de 3 heures.

L'exercice est accueilli avec un certain étonnement, du scepticisme et même quelque résistance de la part de certaines. Puis chacune plonge dans ses pensées, certaines écrivent de longues pages; un quart d'heure plus tard, la mise en commun peut commencer.

Marie Claire – 33 ans – Aide Soignante souhaite parler la première :

«je serai méchante avec mon entourage, j'aurai 70/80 ans; comme je ne veux embêter personne dans ma famille, alors j'embêterai le personnel»

– le groupe : «comment! tu te vois à l'hôpital dans un service comme le tien?»

– Marie Claire : «oui puisque je ne veux pas gêner mes fils, ma famille et comme je serai dans un fauteuil roulant, paralysée par mon arthrose... d'ailleurs, j'en ai déjà comme tout le monde dans ma famille... surtout ma grand-mère»

– la formatrice : «elle a une grande importance pour vous votre grand-mère?»

– Marie Claire : «oui beaucoup» (elle éclate en sanglots) «elle est morte il y a quatre ans et elle me manque toujours beaucoup; je n'arrive pas à m'habituer de ne plus l'avoir auprès de moi, elle est, non je devrais dire elle était, tout pour moi; on s'adore — vous voyez, je n'arrive même pas à parler d'elle au passé — je sors me calmer».

Silence dans le groupe mais sans gêne excessive; Lisette, la première, rompt le silence, au moment où la formatrice allait le faire, en affirmant que ce n'est pas grave, «les pleurs comme le rire, c'est toute la vie». La formatrice abonde dans ce sens et enchaîne en notant que si le rire est accepté en public, il n'en est pas toujours de même des pleurs; si, dans ce groupe nous apprenons à accepter l'expression émotionnelle des autres, celle des malades sera également plus facile à recevoir. En même temps plusieurs préoccupations l'occupent :

Que fait Marie Claire dehors ? son émotion témoigne qu'un point vulnérable a été touché mais nous ne connaissons pas l'importance et l'impact sur sa vie.

Le groupe risque-t-il d'être bloqué par cette première expression de l'émotion qui intervient dès le 2ᵉ jour et qui peut compromettre non seulement la mise en commun et l'analyse de ce travail mais à plus long terme augmenter les résistances ?

Marie Claire nous rejoint quelques minutes plus tard ; la formatrice lui restitue l'essentiel de ce qui a été dit pendant son absence, lui demande ce que l'on peut pour elle et si elle souhaite s'exprimer à nouveau sur ce sujet ; devant sa réponse négative le groupe enchaîne. Auparavant, Marie Claire lancera à la formatrice : «je ne sais pas ce qui m'arrive, c'est vous qui me faites pleurer, c'est de votre faute.» Ce à quoi la formatrice rétorquera : «vous n'arriverez pas à me culpabiliser». Au cours des échanges qui suivront, Marie Claire visiblement intéressée, aura des moments d'absence durant lesquels elle semble à nouveau absorbée par ses réflexions.

Thérèse – 40 ans, infirmière en cardiologie

Elle s'imagine à 70 ans, cultivant son jardin, faisant beaucoup de tricot, en très bonne santé et voyageant beaucoup avec le club du 3ᵉ âge ; elle termine son intervention : «je voudrais vivre ma mort (*sic*) comme mon père à 80 ans».

Notons que Thérèse ne se contente pas de décrire sa vieillesse ; elle fixe explicitement l'âge de sa mort et sans doute la façon dont elle mourra (comme son père).

Michelle – 34 ans – surveillante du service de carcinologie

«quand je serai vieille, je veux être aimée même si je suis une charge — d'ailleurs, je vivrai avec ma fille (fille unique de 8 ans)»

le groupe : «ta fille ne sera peut-être pas d'accord»

Michelle : «elle le sait déjà, je lui en ai parlé»

le groupe : «et son mari et ses enfants ?»

Michelle : «le gendre, ce n'est pas un problème, on s'arrangera. Mais vous savez, je serai dynamique et toujours coquette ; même si j'ai un handicap, je composerai avec lui mais je resterai coquette... je n'irai jamais en maison de retraite».

Tout ceci est dit d'un ton péremptoire, avec beaucoup d'assurance — il faudra décidément leur apporter quelques notions sur le roman familial, le scenario de vie et la programmation parentale — Michelle l'entendra-t-elle?

Lisette – 50 ans – aide soignante en moyen séjour

s'imagine à 80 ans comme sa grand mère; «je lui ressemble, elle était dynamique et coquette; je ferai des confitures et du jardinage».

Mado – 30 ans – aide soignante en cardiologie

«surtout avec mon mari et à proximité des enfants; je deviendrai très vieille, pas comme toute ma famille qui est morte jeune»

le groupe : «tu ne peux pas être sûre d'être avec ton mari, il mourra peut-être avant toi»

Mado : «non je le veux auprès de moi» (en frappant la table et avec véhémence comme si elle voulait convaincre le groupe ou se convaincre). Nous apprendrons également que son père est mort 15 jours après sa naissance.

«surtout avec mon mari» signifie peut être «surtout pas veuve comme ma mère»; elle exprime ici un double exorcisme contre le veuvage et les morts précoces des membres de sa famille.

Alors que Mado parle de son mari, fuse du groupe une exclamation : «je l'avais oublié celui-là» (*sic*) et toutes de noter, étonnées et confuses parfois, que leurs maris sont absents de leur vieillesse.

S'agit-il de la conséquence des espérances de vie distinctes pour les femmes et pour les hommes, notion intégrée grâce aux nombreuses situations qui en témoignent; s'agit-il de l'expression d'un désir d'indépendance même tardive, comme cela avait été clairement exprimé dans un groupe précédent? il est trop tôt pour donner une interprétation de cette absence.

Micheline – 30 ans – aide soignante – long séjour

s'imagine vers 80 ans, en pleine forme, «à peine quelques cheveux blancs, sans lunettes et sans appareil auditif; s'il fallait que je porte des lunettes, je me sentirais vieille» ; elle vivra près de ses enfants et gâtera ses petits-enfants; «c'est ma mère qui élève mes enfants, c'est moi qui élèverai mes petits-enfants». Micheline termine en affirmant qu'elle mourra dans son sommeil. Lorsque le groupe lui demande ce qui lui permet d'affirmer celà, elle répond que c'est une histoire de famille dont elle ne souhaite pas parler.

Il n'est pas impossible que «cette affaire de famille» resurgisse à un autre moment de la formation, inattendu sans doute pour nous mais aussi pour elle peut être, car il y a trop de détermination et d'émotion dans son refus. Il y a également de sa part un refus caractérisé de la vieillesse jusque dans les premiers signes avant -coureurs (lunettes, cheveux blancs), or elle ne s'occupe que de personnes âgées.

Cathy – 44 ans – surveillante en moyen séjour

«je vivrai jusqu'à 80 ans comme mes grands-parents; je me vois bien à 70 ans, un peu ronde, les cheveux frisés et blancs. Mes filles n'habiteront pas loin mais surtout pas avec moi, je veux être tranquille. Je vivrai dans les Landes, chez moi au bord de l'océan; même avec un handicap c'est possible, il suffit d'avoir une maison de plain pied... même avec un fauteuil roulant, j'y arriverai; j'ai déjà organisé la maison dans ma tête, j'y pense depuis longtemps. Je vivrai seule ›forcément‹ (*sic*) car mon mari a 16 ans de plus que moi... j'ai repensé au fauteuil roulant ces temps-ci car mon mari a eu une hémiplégie dont il est d'ailleurs complètement remis».

A la question du groupe concernant le choix de la maison au bord de l'océan, Cathy répond qu'une amie de ses parents, âgée de 80 ans, vit au bord de l'océan et va se baigner chaque jour de mars à octobre; «elle est en pleine forme, c'est une femme merveilleuse, je voudrais être comme elle».

Cathy voudrait mourir entourée de ses enfants et de ses petits-enfants, comme sa belle-mère. «Quand elle est morte, nous étions tous là; j'avais obtenu une semaine de congé et même si on ne me l'avait pas donnée, je les aurai pris. Elle est morte très sereine.»

Une pause — puis elle enchaîne : «c'est curieux ce fauteuil roulant et que j'y pense depuis si longtemps — je ne vois pas pourquoi».

la formatrice : «en effet, il semblerait qu'il y ait depuis longtemps un fauteuil roulant dans votre vie mais c'est quoi?»

La formatrice ne souhaite pas de réponse à cette question; un approfondissement serait sans doute prématuré pour le groupe et pour Cathy. Ce n'est peut-être pas non plus le lieu (Cathy est surveillante et plusieurs personnes de son service sont présentes dans le groupe. Mais la formatrice veut répondre à la demande qu'elle a cru percevoir. En effet, en même temps que Cathy donne une description très détaillée de ce qu'elle a imaginé, elle cherche visiblement à en trouver le sens, s'interrogeant à haute voix. Ce faisant, elle demande implicitement au groupe et la formatrice de l'aider. Celle-ci se sentira autorisée (à tort peut-être) à passer du registre réel, au registre symbolique.

Roseline – 30 ans – infirmière en pédiatrie
«à 75 ans je serai énorme et grabataire dans un lit d'hôpital, grabataire à cause de mon poids ; je mourrai à peu près à cet âge-là ; le poids, ç'a toujours été mon problème (sa hantise ?).

Stupéfaction du groupe car Roseline est plutôt menue, mais elle renchérit avec entêtement et conclue : «je mourrai d'obésité... d'ailleurs on est plutôt fort dans la famille de mon père».

Francette – 29 ans – aide soignante en long séjour n'a pas réussi à s'imaginer vieille : «j'ai trouvé cet exercice complètement idiot et je suis surprise de voir que ça intéresse les autres».

Marie – 31 ans – aide soignante en carcinologie a la même réaction que Francette.

Les autres membres du groupe ne sont pas intervenus, mais ont suivi l'exercice avec une réelle attention. Le groupe dans son ensemble, manifeste son étonnement devant tout ce qui a été exprimé à partir du «jeu» qui paraissait un peu anodin.

Des références implicites, mais parfois précises, au scénario de vie et à la notion de roman familial ont été faites. Il faudrait peut-être saisir cette opportunité.

Le travail de la matinée a conduit plusieurs stagiaires à une implication personnelle où la référence à des membres de leur famille était très nette. Le terrain semble préparé pour aborder la notion de durée de vie névrotique. Ce sera donc l'objet du travail de l'après-midi.

2e SESSION

Mercredi 12 janvier 1988

Le groupe échange les nouvelles de l'inter-session (elle a été de trois semaines) ; la formatrice se préoccupe plus particulièrement de l'éventuel effet-retard de la session précédente ; rien d'important ne se détache sauf quelques allusions à l'exercice du «vieillard» auxquels plusieurs ont continué à penser, mais visiblement le groupe ne souhaite pas s'étendre sur ce sujet.

Après un exposé présentant les mécanismes de défenses, le groupe cherche des exemples de relations avec les malades. Ce choix délibéré des exemples doit permettre de constater que les grandes lois qui régissent les relations humaines s'appliquent aussi aux mourants. Ils utilisent les mêmes mécanismes de défense dans leurs relations et, somme toute, ils ne sont pas des êtres «à part». Bien sûr, ce n'est pas le seul objectif, il s'agit aussi de donner aux soignants un outil de compréhension des mécanismes qu'eux-mêmes mettent en place dans leurs relations avec les autres.

Une autre période est consacrée à l'élaboration d'un cas à partir d'une situation-problème. Le travail s'effectue en sous-groupe ; il s'agit de préciser à propos d'une situation vécue par un ou plusieurs stagiaires, les problèmes posés par la relation avec un mourant. La mise en forme effectuée, ce cas est soumis à l'autre sous-groupe, à charge pour lui de l'analyser et de faire des propositions.

Il s'agit en fait d'une analyse des pratiques, puisque c'est dans l'expérience professionnelle que doit être puisé le sujet. C'est en même temps l'occasion pour les stagiaires, de constater qu'ils possèdent beaucoup d'éléments indispensables à leur formation ; la formatrice n'est pas la seule dispensatrice de la connaissance et de toute façon, pas la détentrice de l'expérience.

Ce travail permet également de sortir de la confusion créée par le parasitage émotionnel ; en effet, la mise en forme de cette situation-problème, la reconstitution de sa chronologie aux fins de transmission à d'autres, est l'occasion d'une analyse qui permet de prendre une certaine distance par rapport aux réactions émotionnelles immédiates. Cette démarche est renforcée lors de la transmission à l'autre sous-groupe par le va-et-vient qui s'instaure des questions-réponses et qui permet de constater par exemple que des éléments pourtant importants ont été occultés.

La réflexion qui suit les échanges des cas dans chacun des groupes, aboutit à des propositions de solutions. La mise en commun est l'occasion de constater combien un cas jugé difficile ou sans issue pour ceux qui y étaient impliqués, fait l'objet par les autres, d'une lecture plus sereine et débouche souvent sur des propositions.

Le cas élaboré et travaillé est le suivant :
«David est hospitalisé dans un service de pédiatrie, quinze jours après sa naissance, car il vomit le peu qu'il absorbe, quand il ne refuse pas purement et simplement ses biberons. A la maternité où il est né, on a pris

l'habitude de lui pincer le nez pour l'obliger à accepter la tétine dans la bouche et depuis il est très nerveux à l'approche d'un biberon.

A l'hôpital, il persiste dans son refus de s'alimenter, bien que les méthodes fortes de la maternité soient abandonnées. Bien sûr, tous les examens et investigations n'ont révélé aucune anomalie constitutionnelle ou fonctionnelle. Une perte de poids importante oblige les médecins à lui poser une sonde gastrique; fait rarissime au dire des soignants, il vomit ce qu'il ingurgite par la sonde et continue donc à dépérir.

Outre son refus de se nourrir, il a un comportement peu ordinaire pour un bébé. Il n'a jamais pleuré, par contre il geint; il ne regarde pas en face même lorsqu'on lui tient la tête pour lui parler, se tourne vers le mur lorsque quelqu'un rentre dans la pièce. Il n'aime ni la compagnie des autres bébés, ni les bains. Il semble constamment angoissé, si bien qu'il a été mis sous calmant, ce qui le rend encore plus inerte et replié sur lui-même.

La prise de biberons se passe moins mal la nuit, sans que l'on sache pourquoi, mais il faut au préalable qu'il ait passé sa phase colère/angoisse, lui parler, le calmer, l'apprivoiser en quelque sorte; après seulement il acceptera de téter un peu. Même lorsqu'il arrive à se nourrir un tant soit peu, sa courbe de poids reste désespérément plate.

Sa mère, 22 ans, reste toute la journée auprès de lui, lui parle pendant que David lui tient un doigt avec sa petite main; c'est un enfant qu'elle a souhaité — le père est un homme marié par ailleurs — La jeune femme espérait que sa grossesse déciderait son compagnon à venir vivre avec elle. Comme il n'a pas voulu abandonner femme et enfants, ils ont rompu; la jeune femme dit avoir été angoissée et déprimée toute sa grossesse; de plus, sa situation a déclenché d'énormes problèmes familiaux qu'elle a du assumer.

Le père vient voir son enfant de temps en temps seulement, car ils sont originaires d'un autre département; par contre, il téléphone tous les jours. David prend toujours tout son biberon quand son père et sa mère sont auprès de lui.

Des psychiatres de l'hôpital ont vu le bébé puis sa mère qui a accepté très volontiers la perspective d'entretiens. Mais elle est revenue du premier entretien très bouleversée par ce qu'elle y avait dit et n'a pas donné suite.

Un essai de retour à la maison a été tenté et s'est soldé par un échec. Il a fallu réhospitaliser David deux jours plus tard pour le réhydrater; il n'avait strictement rien conservé.

L'attitude de l'équipe soignante à l'égard de David est partagée. Certains se sont attachés à cet enfant ‹pathétique dans son refus de vivre›; ceux-là lui disent que son père a téléphoné et viendra bientôt le voir. D'autres l'ont rejeté pour les mêmes raisons mais également à cause de son aspect; (David pèse 6 kg à 11 mois ce qui lui donne ‹un aspect de petit vieux et un regard qui n'a rien de celui d'un bébé›) et de son comportement, de son refus d'entrer en relation : ‹c'est un mur, rien ne le fait céder, il tient en échec les médecins et les psychiatres; c'est vraiment un rapport de force entre lui et nous›.

La mère de David avait pris un congé spécial en raison des problèmes de santé de son fils, mais maintenant elle a repris à mi-temps son travail d'aide-soignante dans une clinique. Depuis, l'état de santé de David s'est encore aggravé.»

Ce travail se déroulera d'ailleurs dans un climat d'énervement ponctué de fou-rires, car être le témoin de la mort lente de David est lourd à porter. Ce sera aussi l'occasion d'échanges sans rapport direct avec le cas ; c'est ainsi qu'on apprendra les conditions de la mort du père de Mado; victime d'un cancer de la gorge, cancer en phase terminale au moment de la conception de sa fille; Mado dit son anxiété face à cette maladie qu'elle redoute pour elle-même; elle dira aussi qu'elle fut le dernier cadeau de son père à sa mère, ce dernier disant à sa femme : «je meurs heureux de t'avoir donné la fille que tu désirais tant après 3 garçons (*mouvements de vie, mouvements de mort...*)».

Au moment de l'évaluation de la journée, le groupe qui était resté relativement silencieux au moment des retrouvailles, reparlera de l'exercice d'anticipation de la vieillesse et expliquera : «ce n'était pas possible à froid, on n'était pas dégivrés (allusion au temps froid de ce jour-là) on n'était pas dans l'ambiance, maintenant c'est plus facile». Cet exercice les a incontestablement marqués; ils disent y avoir souvent pensé pendant l'inter-session et n'être pas prêts de l'oublier.

Le fou-rire de la fin de l'après-midi est d'après eux «une formation réactionnelle» (*sic*)[1] — le message du matin sur les mécanismes de défense est apparemment bien passé — parce qu'on est angoissé, c'est lourd de parler de tout ça». C'est en effet la première fois qu'ils abordent, autrement que comme illustration ou anecdote, la souffrance, la mort de leurs malades et les problèmes que cela leur pose.

Jeudi 13 janvier 1988

La seconde journée de cette deuxième session commence par ce que nous appelerons dans le groupe, «la météo intérieure». Certains ayant déjà exprimés une fatigue ou un énervement tout à fait exceptionnels, l'habitude sera prise de se donner mutuellement des nouvelles; on apprendra ainsi que l'une était rentrée épuisée et s'était couchée très tôt, qu'une autre, au contraire, avait eu des insomnies, une troisième la migraine et une dernière s'était égarée en rentrant chez elle.

Un apport théorique sur le langage symbolique permet de prendre conscience que, si les malades évoquent rarement de manière explicite leur mort, ils en parlent «autrement». Il s'agit pour les stagiaires, de repérer dans des situations vécues, le sens, souvent ignoré, des manifestations de leur malades.

Cette deuxième session aura été plus «paisible», moins implicante. Le groupe avait certainement besoin d'une pause dans son implication affective et émotionnelle. La formatrice s'est efforcée d'y répondre en proposant davantage d'apport théorique, ce qui a permis une mise à distance des affects.

3ᵉ SESSION

Mercredi 17 février 1988

Les retrouvailles sont l'occasion de prendre des nouvelles des uns et des autres, mais également des malades qui ont fait l'objet de discussions ou d'études de cas la session précédente. C'est ainsi que nous apprendrons la mort de l'un d'eux au grand étonnement de toute l'équipe et du groupe aujourd'hui. Ceci est l'occasion d'une réflexion et d'une discussion sur la trajectoire du mourir, telle qu'elle est prévue par l'équipe, et les réactions de cette même équipe lorsque le mourant ne se conforme pas à ses prévisions :

La formatrice note quelques changements d'apparence chez les stagiaires. Cathy n'a plus ses pulls à col roulé dans lesquels elle enfouissait son visage jusqu'aux yeux chaque fois que le sujet abordé la dérangeait. Pour la première fois, Lisette est légèrement maquillée et Micheline s'est fait couper les cheveux qu'elle portait tirés en arrière; l'expression du visage s'en trouve adoucie.

Ces détails manifestent peut-être des changements plus profonds dont on verra s'ils se confirment au cours de la session. Le moment semble opportun pour que les stagiaires réfléchissent à leurs propres mouvements de vie (et leurs mouvements de mort) ce qui devrait faciliter la compréhension de ceux de leurs malades, mouvements qui, dans le travail du trépas sont poussés à leur paroxysme (expansion libidinale).

Exercice : *«les dix expériences que je voudrais réaliser dans ma vie».*

Il se déroule en 4 phases successives qui ne seront annoncées qu'au fur et à mesure du déroulement.

1re phase : Il s'agit là, sans prendre en compte le caractère réalisable ou non de ces expériences, de décrire des désirs, même s'ils relèvent du phantasme. L'aspect ludique de cette approche n'enlève rien à la richesse de l'exploitation de l'exercice. Cette liste établie, chacun est libre de la communiquer en totalité ou en partie au reste du groupe. La mise en commun fait apparaître :

- apprendre la mécanique (Thérèse)
- faire rajeunir mes parents (Mado)
- ne plus travailler
- faire le tour du monde
- être un homme *quelques temps*
- faire revivre un être cher (Micheline)
- faire revivre mon père mort jeune et qui m'a toujours manqué (Claudette)[2]
- faire un voyage interplanétaire (Roseline)
- être polyglotte
- tout casser dans un magasin de cristallerie (Anne)
- travailler pour Médecins Sans Frontière (Lisette)
- faire un voyage en Amérique du Sud (Marie Claire)
- connaître un accouchement «naturel» (Claudette)[3]
- gâter mes vieux parents (Georgette).

Beaucoup sont surpris, voire attérés, de constater à quel point ils manquent de désirs (aucun n'indiquera 10 expériences et l'une des stagiaires atteindra tout juste 3) — on notera également que bon nombre d'entre eux sont bien de l'ordre du phantasme comme s'il s'agissait de se mettre à l'abri d'un «risque» de réalisation. Plusieurs ne communiqueront pas au groupe la nature des expériences souhaitées.

2ᵉ phase : classer par ordre d'importance, toujours sans référence aux possibilités de réalisation. Cette donnée est en particulier importante pour la suite.

3ᵉ phase : classer ces mêmes expériences en fonction des possibilités de réalisation. Deux constatations s'imposent. Nombre d'entre elles ne jugent réalisables que des désirs qui ne semblent pas pour eux prioritaires. Le groupe intervient fréquemment en s'étonnant de voir évacué, sous prétexte que la réalisation est décrite comme difficile voire impossible, ce qui semble tenir à cœur de l'une ou de l'autre. Témoin le voyage en Amérique du Sud de Marie Claire, voyage qu'elle juge irréalisable pour des raisons financières. Suivent aussitôt les objections du groupe qui va jusqu'à proposer des solutions techniques. Tous réalisent à cette occasion le caractère subjectif de l'appréciation des possibilités qui témoignent ou bien d'une auto-censure ou encore de l'absence d'un désir réel. Les contraintes de la vie quotidienne sont bien souvent mises en avant comme prétexte-écran.

4ᵉ phase : «qu'allez-vous faire pour metttre en œuvre une expérience qui vous tient à cœur». On voit se dessiner un certain nombre de stratégies vivement encouragées par le groupe, y compris par ceux qui ont le plus de difficultés à admettre que parmi leurs propres projets, il en est qui ne sont pas si difficiles à réaliser.

La constatation principale qui ressort de cet exercice est à coup sûr la timidité des mouvements de vie, l'absence fréquente de vrais désirs et le peu d'empressement à les réaliser.

Plus tard, le groupe explore les réactions que suscitent chez eux l'agressivité des malades en phase de révolte. Toutes ou presque constatent que leur propre agressivité, même feutrée, vient souvent en réponse à celle des malades. Anne a un discours très différent. Elle affirme ne jamais avoir d'attitude agressive vis-à-vis des malades, quoi qu'ils fassent. Ce discours est bien en conformité avec la manière dont Anne est perçue par le groupe. Elle explique : «ce sont eux qui souffrent et qui vont mourir, les pauvres, on ne peut pas leur en vouloir, c'est aux soignants de *prendre sur eux...*» (*sic*).

Cette discussion intervenant à l'occasion de l'étude d'un cas appelant à ce moment-là un jeu de rôle, Marie Claire, visiblement irritée par son discours, interpelle Anne et lui propose de jouer le rôle de l'infirmière alors qu'elle-même sera la malade agressive : «on verra bien si tu seras capable de garder ton calme jusqu'au bout!»

Le jeu se déroule; Anne ne se départit pas de son calme alors qu'on sent croître en Marie Claire une agressivité qui bientôt n'est plus feinte et s'exprime avec une violence croissante.

Lors de l'analyse qui suit, Marie Claire dira les sentiments que soulève en elle le calme apparent d'Anne : «j'étais incapable de l'atteindre et de déclencher une réaction, un sentiment; je me sentais impuissante et par là inexistante, ce qui accentuait ma colère et ma révolte».

La formatrice rappelle à Anne que lors d'un exercice précédent («les expériences que vous aimeriez faire avant de mourir»), un de ses souhaits était de tout casser dans un magasin, ce qui avait d'ailleurs étonné le groupe tant ce souhait était peu conforme à l'image qu'Anne donnait d'elle-même. La formatrice lui propose de travailler sur ses réactions face à l'agressivité, celle des autres et la sienne. S'autorise-t-elle à la colère? autorise-t-elle les autres à exprimer leur agressivité?, etc. Anne confirme que son comportement dans sa vie privée est tout à fait identique à son comportement professsionnel, indiquant seulement que «les rares fois où je me suis laissée aller à la colère, ça ne m'a pas réussi» et de faire allusion très rapidement à des évènements du début de son mariage. Quant à l'agressivité des autres, elle la résume ainsi : «je me *contiens* bien, ils n'ont qu'à faire comme moi et se conduire comme des adultes» (*sic*).

Jeudi 18 février 1988

Le deuxième jour, lors de la météo intérieure, il est beaucoup question de l'exercice sur les mouvements de vie, qui, visiblement, ne s'est pas arrêté à 17 heures; plusieurs disent avoir eu des insomnies, migraines et même réactions dermiques. Marie Claire en sortant, est allée dans une agence se renseigner sur le prix des voyages pour l'Amérique du Sud et en a parlé avec son mari. Micheline nous annonce qu'elle ira le samedi suivant à une soirée organisée par l'entreprise de son mari; elle s'est souvenue opportunément que la fille d'une de voisines pouvait garder ses enfants.

Après avoir visionné une bande vidéo sur la mort des personnes âgées, des enfants et en réanimation, la formatrice propose deux pistes de travail :
– approfondissement de la phase révolte par une étude de cas;
– entraînement au décodage du langage symbolique du mourant en recourant au photolangage.

Le groupe retient la deuxième proposition.

Exercice : «le/la malade qui m'a le plus marqué».

La consigne est volontairement floue et imprécise; certains l'interprèteront comme «le malade qui m'a le plus ému ou bouleversé», d'autres comme «le malade élu», celui dont ils ont été l'objet-clé. Certains même, nous le verrons, quitteront le secteur de leur activité professionnelle pour parler d'un mourant qui leur fut proche.

Déroulement : dans un premier temps, chacun choisit dans le lot proposé une photo qui correspond le mieux à ce qu'il veut exprimer; il la présente au groupe qui doit essayer de décoder le message.

Micheline choisit, la première, sa photo et la présente aussitôt au groupe qui y perçoit un sentiment de souffrance et de révolte; Micheline se met à pleurer doucement. Déjà, à plusieurs reprises, et spécialement le matin même en visionnant la bande vidéo consacrée à divers témoignages sur la mort, elle avait eu la même réaction. La formatrice, évoquant ces circonstances, lui demande s'il n'y a pas quelque chose de difficile et douloureux pour elle dont elle voudrait parler maintenant. Micheline acquiesce et parle de sa petite fille morte à l'âge de 30 mois (c'était son premier enfant); «elle aurait aujourd'hui presque 6 ans». Son état de santé s'était dégradé à l'âge de 8 mois mais rien ne laissait prévoir une conclusion aussi brutale. Elle est morte pendant la sieste chez sa gardienne; Micheline travaillait et elle reste culpabilisée de ne pas avoir été présente. Elle était à cette époque enceinte d'un deuxième enfant et une petite fille naissait quelques temps plus tard; un garçon suivra un an plus tard; «il me fallait plein d'enfants et tout de suite». Elle nous parle des nombreuses photos dans la maison et des questions de sa 2e fille à ce sujet. Elle lui répond qu'il s'agit de sa sœur «qui la voit et la comprend» mais à qui elle ne peut parler. Elle ne prononce jamais le nom de cette enfant morte (elle ne pourra le faire que plus tard au cours d'une autre session où nous apprendrons également que la gardienne était la grand mère de l'enfant). Par contre, elle n'en a jamais reparlé avec son mari ni avec quiconque. C'est la première fois depuis plus de trois ans qu'elle évoque cette mort.

Pendant tout ce temps, le groupe est resté silencieux, laissant Micheline et la formatrice dialoguer seules. La formatrice demande aux participants s'ils veulent intervenir et dire quelque chose à Micheline. Cette proposition les embarrasse, chacun étant visiblement ému par ce récit et personne ne voudra prendre la parole.

Micheline s'est un peu calmée — la formatrice lui demande si le groupe peut faire quelque chose pour elle, maintenant ou plus tard et s'entend confirmer qu'elle va mieux, en parler lui a fait du bien et qu'on peut continuer le travail collectif.

Quel peut être l'impact pour la seconde petite fille de cette douleur, de la culpabilité de ses parents? de quels transferts est-elle l'objet? que va-t-il se passer lorsqu'elle atteindra l'âge où sa sœur est morte? sans doute faudra-t-il trouver une occasion pour en parler avec Micheline quand elle aura dépassé l'orage émotionnel dans lequel elle se trouve.

Comment le groupe réagit-il? *la gêne qu'il manifeste va-t-il compromettre la suite du travail?*

Cette crainte n'est pas fondée car Marie Claire enchaîne aussitôt et nous parle «d'une personne qui avait été gravement malade et qui était morte peu de temps après avoir cessé de travailler. Elle n'avait jamais été heureuse, avait travaillé toute sa vie et elle était morte au moment où elle aurait pu avoir une vie plus douce au milieu de ses enfants et petits enfants».

La façon dont Marie Claire en parle peut laisser penser qu'il s'agit d'une malade qu'elle avait eu dans son service; mais un des membres du groupe demande : «c'est ta grand-mère?». Marie Claire acquiesce et se met à pleurer puis nous parle de cette grand-mère qui avait élevé ses enfants et elle-même, sa première petite-fille; d'ailleurs ajoute-t-elle, «je ne m'entendais et je ne m'entends toujours pas avec ma mère». Elle dira ses remords de ne pas avoir assez entouré sa grand-mère, de ne pas l'avoir assez «gâtée» bref, de n'avoir pas su lui rendre toute la tendresse qu'elle avait reçue d'elle. Sa culpabilité est visiblement très vive. Si l'évocation de ces souvenirs est douloureuse pour elle, Marie Claire reste calme et semble prête à un échange.

La formatrice l'interroge : «vous souvenez-vous de ce que vous m'aviez dit la première fois que vous avez parlé de votre grand-mère en pleurant?»

Marie-Claire : oui, j'avais dit : «voyez ce que vous faites, vous me faites pleurer, c'est de votre faute».

La formatrice : «et je vous ai répondu...».

Marie Claire : «vous m'avez répondu : vous n'arriverez pas à me culpabiliser».

Elle réalise aussitôt, comment à ce moment-là, envahie par l'émotion et assaillie brutalement par un sentiment de culpabilité, elle avait cherché à s'en débarrasser en le transférant sur la formatrice.

Cette prise de conscience de sa culpabilité ne peut que renforcer son trouble, sauf si elle lui permet de l'assumer ou l'aide à s'en soulager. D'où la question de la formatrice : «qu'est-ce qui aurait rendu votre grand-mère heureuse et qui vous concerne ?»

Marie Claire interprète cette question dont la formulation est sans doute ambiguë en «qu'est-ce que j'aurais pu faire pour ma grand-mère?»; interrogation douloureuse et stérile et Marie Claire exprime à nouveau ses regrets de ne pas l'avoir assez entourée. La formatrice reformule sa question : «qu'est-ce que votre grand-mère aurait souhaité que vous soyez, que vous fassiez?»

Marie Claire va progressivement abandonner le registre des remords et répondre : «...que je sois heureuse, que je réalise mes projets» et terminant : «c'est peut-être ça que je peux encore faire pour elle».

Mais elle dira immédiatement après : «j'ai terriblement peur de mourir», indiquant qu'elle a choisi cette formation pour tenter de dépasser cette peur, peur qui a commencé justement au moment de la mort de sa grand-mère.

Succédant à Marie Claire, Cathy parle du malade qui l'a le plus émue, il y a 20 ans : «c'était un malade qui n'était plus que l'ombre de lui-même», qui est resté un an dans le service et qui est mort «doucement» mais qui dégageait une telle présence, une telle joie de vivre qu'il lui a apporté beaucoup. C'était le premier mourant auprès de qui elle pouvait rester et qui lui a permis de dépasser la peur d'accompagner les autres. Elle s'est empressé d'ajouter, que par la suite, il lui est encore arrivé parfois de «fuir»; que c'est également grâce à lui qu'elle a pu rester auprès de sa grand-mère et l'accompagner dans son agonie. Ces temps-ci, elle a repensé à ce vieux monsieur mort il y a 20 ans, au moment de s'inscrire à cette formation : «c'est grâce à lui que j'ai pu faire cette démarche».

Enfin, Michelle nous parlera d'une jeune femmme qui a eu un cancer du sein après une grossesse; or Michelle rentrait de congé de maternité; elles avaient toutes les deux le même âge et leurs bébés aussi. Elle est morte très rapidement, en 4 mois «dans la plus grande indifférence de son mari» peu présent et tout à fait impossible» (*sic*). Michelle dira : «cet homme, je le haïssais». La jeune cancéreuse s'est dégradée très vite, mais elle était tout de même retournée chez elle quelques temps. Un jour, elle est revenue à l'hôpital pour mourir, seule avec l'ambulancier; elle s'étouffait et elle a demandé qu'on la fasse mourir. Michelle et l'interne ont posé la perfusion qui lui a permis de s'éteindre doucement sans les affres de l'étouffement.

Michelle dira combien elle avait été bouleversée par la solitude et la détresse, sans doute réelle, de cette jeune femme, émotion sans doute amplifiée par l'identification (même âge, même situation de jeune mère avec un bébé) identification poussée très loin puisqu'elle haïssait le mari «à la place» de cette jeune femme qui ne critiquait jamais l'attitude de son mari qui ne manifestait apparemment aucun sentiment et la laissait venir mourir seule à l'hôpital.

Après cette journée particulièrement riche en émotions, le groupe n'est pas en mesure de procéder à l'évaluation habituelle et a bien du mal à se séparer.

4ᵉ SESSION

Jeudi 17 mars 1988

Le groupe est maintenant bien constitué. Malgré les deux semaines de séparation, les retrouvailles sont spontanées.

Pour Micheline qui nous avait parlé de la mort de sa fille, les premiers jours ont été difficiles; elle a eu des insomnies pendant 5 nuits. Pourtant, elle a réussi à en parler avec sa mère; mais elle n'a toujours pas pu l'aborder avec son mari; «c'est un sujet tabou entre nous». En parler dans le groupe lui a fait beaucoup de bien, dit-elle.

Marie Claire, l'orpheline de sa grand-mère va bien; mais dans la nuit qui a suivi l'exercice de photolangage, elle a fait un «cauchemar» : son fils aîné de 7 ans «se plantait des couteaux et des fourchettes dans le ventre».

Cathy a été fatiguée toute la semaine qui suivi la session.

Le groupe dans son ensemble a été assez bouleversé par tous les échanges autour de l'exercice du photolangage. Le témoignage de Micheline est resté très présent dans l'esprit de chacune.

Tout ceci incite la formatrice à prendre quelque distance par rapport à un mode émotionnel qui, sans doute, serait difficile à accepter plus longtemps pour certaines d'entre elles; le maintenir pourrait faire naître de l'angoisse et des résistances.

Les échanges qui suivront un exposé sur des notions de psychosomatique, porteront pour l'essentiel, sur les manifestations psychosomatiques que plusieurs reconnaissent à travers des pathologies dont elles ont eu à souffrir personnellement, comme s'il s'agissait d'apporter des preuves pour conforter la pertinence d'une approche psychosomatique.

Laurence parlera de l'ulcère d'estomac qu'elle a eu à 13 ans au moment du divorce de ses parents et nous dira que tout est rentré dans l'ordre quand elle a accepté ce divorce, rectifiant plus tard pour préciser : «plutôt, tout est rentré dans l'ordre quand j'ai accepté de revoir ma mère, donc quand j'ai accepté qu'elle soit partie».

Claudette n'a pas eu les mêmes réactions au moment du divorce de ses parents; par contre, elle a fait de l'anorexie 3 ans plus tard, à la mort de son père; «...lorsque mon père est *vraiment* mort» (*sic*).

Et le groupe de renchérir sur les migraines, les colites, les douleurs dans le dos... dont les unes et les autres s'aperçoivent qu'elles apparaissent comme l'ombre portée des difficultés personnelles.

Au cours de l'après-midi, le groupe va choisir de propos délibéré parmi trois possibilités qui lui étaient offertes, le thème des relations avec les malades «difficiles».

C'est à travers l'étude d'un cas qui débouchera sur un jeu de rôle, que ce travail va s'accomplir. Après bien des hésitations, deux personnes seulement sont volontaires; il s'agit de Micheline et Marie Claire.

La formatrice aurait préféré que d'autres se proposent, car l'une et l'autre se sont déjà fortement impliquées.

Thème du jeu de rôle : «Madame Dubois, 35 ans, a découvert la semaine dernière qu'elle est au stade terminal de sa maladie. Depuis, elle est passée alternativement par la négation de sa mort prochaine et la colère vis-à-vis de toute personne l'approchant. C'est un beau jour de printemps et Catherine, infirmière, est particulièrement en forme ce jour-là. Elle entre dans la chambre de Mme Dubois, se dirige vers le lit et dit en souriant :

– bonjour Mme Dubois, c'est moi qui vais m'occuper de vous aujourd'hui — comment vous sentez-vous?

– bien... jusqu'à ce que vous vouliez vous occuper de moi aujourd'hui; voulez-vous baisser les volets, il y a trop de soleil; pourquoi est ce que je n'arrive jamais à me faire comprendre des gens! j'ai dit les volets baissés!»

Que peut-il se passer maintenant? si vous avez une idée des sentiments de Mme Dubois, vous pouvez jouer le rôle; quelqu'un d'autre jouera le rôle de l'infirmière; rejouer la scène et enchaîner avec la réponse de l'infirmière.

1er jeu de rôle : Micheline choisit le rôle de la mourante, s'étend sur quelques chaises, tournée vers le mur. Marie Claire/infirmière essaiera de la faire se retourner vers elle («tournez-vous vers moi») mais n'y arrivera pas, ce qui la rend de plus en plus agressive. Elle arrête le jeu en disant que si elle continuait, elle s'énerverait pour de bon et dirait «des choses désagréables». Elle a perçu Micheline-la-malade comme un «mur» (*sic*) et qu'elle ne supportait pas qu'on refuse le contact avec elle et toutes ses propositions d'aide. Micheline confirmera la perception de Marie Claire en affirmant que l'infirmière pouvait raconter tout ce qu'elle voulait, elle n'avait qu'une idée en tête, la renvoyer et rester seule «dans le noir» (*sic*).

Propos curieux dans cette pièce inondée de soleil mais Micheline a sans doute fait sien le comportement de Mme Dubois qui avait exigé et obtenu que l'infirmière baisse les volets de sa chambre. Mais Micheline a dit, dès le début de la formation, qu'elle mourrait dans son sommeil. Plus tard, nous avons appris la mort de sa petite fille pendant la sieste, sans doute dans la pénombre, les volets baissés; Mme Dubois était peut être bien loin...

2e jeu de rôle : deux autres (Roseline et Michelle) se proposent spontanément pour jouer à nouveau la scène, comme si ce qui venait de se dérouler ne leur convenait pas. Même attitude de la malade tournée vers le mur mais contact physique; Michelle/infirmière pose sa main sur le bras de Roseline/malade mais la retirera aussitôt que celle-ci dira : «laissez-moi, je sais que je vais mourir» — silence, puis propositions en cascade (friction du dos, remonter les oreillers...) qui seront toutes refusées.

Quand, dans la conversation, Roseline répètera : «je vais crever» Michelle sortira du jeu. Elle dira par la suite qu'elle ne supportait plus.

Contrairement à Micheline dans le jeu précédent, Roseline n'a pas été perçue par le groupe qui observe, comme fermée sur elle-même, mais plutôt comme appelant à l'aide. Roseline confirmera cette impression et ajoutera «qu'elle était prête à dire des choses importantes quand l'infirmière est sortie, qu'il aurait suffi qu'elle s'assied auprès d'elle».

N'oublions pas que Roseline a décrit avec précision son agonie dans «l'exercice du vieillard» : elle mourra d'obésité, grabataire à cause de son poids. Les choses importantes qu'elle veut dire ont-elles une relation avec celà?

La formatrice lui demande si elle souhaite les exprimer maintenant ; Roseline refuse en précisant : «plus maintenant, tout à l'heure j'étais prête quand elle est sortie». Echanges de regards lourds entre Roseline et Michelle.

Le groupe mesure ici (et Roseline en particulier) la fugacité du moment où une relation privilégiée peut s'installer entre le malade et un de ses soignants. Michelle reconnaît qu'elle a pressenti le désir de sa malade et que sans en expliquer la raison, elle a, de manière assez délibérée, rompu le contact.

A l'évaluation de fin de journée, le groupe confirme que l'approche théorique du matin était nécessaire. Elle a permis d'apaiser la tension émotionnelle qui s'était manifestée à la fin de la précédente session. Isabelle, Georgette et Marie parlent de leur angoisse en arrivant ce matin. Marie nous dit qu'elle est venue à cette formation pour tenter de régler un problème personnel (elle l'avait déjà exprimé en aparté avec la formatrice) - elle sait qu'elle en parlera dans le groupe, mais en même temps, elle appréhende ce moment, d'où l'angoisse du matin. Les deux autres stagiaires avaient été marquées par le témoignage de Micheline à la fin de la session précédente ; elles craignaient de retrouver les mêmes conditions difficilement supportables ; elles ont été rassurées par le déroulement de la journée.

Vendredi 18 mars 1988

Le lendemain, à la météo intérieure, Marie Claire dit avoir la migraine depuis la veille au soir ; elle insiste beaucoup sur le fait que c'est rarissime ; puis elle vient s'installer à côté de la formatrice. Roseline qui a également joué le rôle de la malade mais n'a pu exprimer tout ce qu'elle avait à dire, elle a très mal dormi et était levée dès 5 h. Celles qui étaient arrivées angoissées la veille sont au contraire très décontractées ce matin.

La journée commence par l'étude de la *phase négociation* comme étape psychologique du mourir ; cette phase correspond à l'expression par le malade, de désirs qu'il voudrait voir satisfaire ; intérioriser les désirs de l'autre est l'objectif principal de cette journée. Il sera atteint grâce à l'expression par chacun de «ses derniers désirs».

Déroulement : le protocole est le suivant : «vous allez bientôt mourir, quels sont les désirs que vous aimeriez réaliser ? vous inscrivez chacun de ces désirs sur des feuilles séparées. Elles seront ensuite collectées et mélangées pour préserver l'anonymat des auteurs».

Si cet exercice a pour but d'amener les soignants à accueillir les désirs de leurs malades sans porter a priori une appréciation, il permet surtout à chacun de bien prendre conscience de son caractère mortel.

Il est intéressant de noter quelles sont, pour ce groupe, les priorités, les derniers désirs :

– *assurer l'avenir des proches, tant dans l'ordre matériel que dans l'ordre moral* :

«régler les problèmes de succession (maison et autres biens) pour que mes enfants n'aient pas de difficultés»

«recommandations à mon mari pour continuer à élever mes enfants, avec les erreurs à ne pas commettre»

«rencontre seule à seule avec chaque enfant, en leur expliquant que je vais mourir mais pour eux que la vie continue. A chaque fois qu'elles penseront à moi, que ce ne soit pas avec tristesse mais en disant : ‹si Maman était là, elle serait contente de moi pour ce que je suis en train de faire ou envisager de faire›»

– *retourner aux «sources»* :

«revoir ma ville natale en Allemagne»

«mourir où je suis née (maison familiale)»

«prendre un bain»

– *réunir les être chers :*

«faire une réunion de famille avec toutes les personnes que j'aime»

«être avec ma fille, tout le temps, sans la laisser, m'occuper d'elle comme je n'ai pu le faire, vivre à ses côtés»

– *désir de vivre intensément :*

«faire un long voyage en avion, en bateau avec les êtres qui me sont chers et vivre avec eux très intensément pendant cette période»

«profiter de ces quelques temps pour vivre dans tous le sens du terme ; arrêter les contraintes (travail, maison, routine) ; faire ce qu'il me plaît»

– *sur la manière de mourir :*

«mourir toute seule»

«prendre le temps de faire *seule* le bilan de ma vie»

«ne pas rester à l'hosto pour mourir»

«mourir dignement sans déchéance physique, pour laisser la meilleure image de moi»

«si je venais à mourir maintenant, je souhaiterais avoir dans les derniers instants de ma vie, dans le cas d'une mort qui m'apporterait trop de souffrances, l'accord d'une négociation avec le médecin sur le choix de mon traitement et l'apaisement de mes souffrances morales et physiques par un traitement définitif»

– *désirs aussi d'immortalité :*

«faire tout pour guérir»

«avoir un enfant».

L'authenticité de ces désirs ne fait pas de doute, non plus d'ailleurs que le respect avec lequel les autres les accueillent. Le groupe est attentif et grave et l'inter-session sera bien nécessaire pour que l'on puisse envisager d'autres pistes de réflexion.

Après les mouvements de vie, la prise de conscience de son caractère mortel à travers «les derniers désirs» à la session précédente, le groupe s'implique de plus en plus, avec confiance sinon sans émotion; des deuils sont en train de se faire qui parasitaient la relation avec les mourants. Le thème central de cette session sera justement le travail de deuil; celui des mourants qui correspond à leur phase dépressive et celui des stagiaires. En effet, le parcours de la formation proposé reproduit celui des mourants, phase après phase.

5ᵉ SESSION

Jeudi 14 avril 1988

Les retrouvailles sont l'occasion d'un retour sur l'exercice de la session précédente : «mes derniers désirs». Plusieurs participantes en ont été marquées et quelques unes ont commencé à réaliser certains de ces désirs. C'est le cas de Georgette qui souhaitait «gâter» sa mère et a loué pour elle une maison au bord de la mer. Ce seront ses premières vacances.

Laurence, pour sa part, annonce au groupe avec satisfaction et aussi quelque fierté que, face à la demande d'un mourant, elle n'a pas fui ; elle a pu rester près de lui pendant son agonie à lui tenir la main comme il le lui demandait. Si son émotion était grande, elle n'a pas ressenti l'angoisse qu'elle redoutait. Elle a été soutenue par une collègue qui avait précédemment suivi cette formation et qui passait de temps en temps dans la chambre. Elle a senti aussi le regard des autres soignants qui voulaient vérifier «si sa formation servait à quelque chose» (*sic*). Elle a eu conscience en même temps qu'elle avait une sorte de défi à relever.

Une première période sera centrée sur l'étude de la phase dépressive du mourant afin de mettre en évidence toutes les renonciations, «les petites morts» qui affectent le mourant (perte de statut socio-professionnel, incapicité physique...). Il s'agit là de comprendre la légitimité des manifestations du malade dans cette phase dépressive et d'analyser la manière dont eux, soignants, y réagissent.

Un *travail d'implication personnelle consacré à nos «petites morts»*, concrétise cette réflexion. La formatrice invite les stagiaires à repérer ces petites morts dans leur propre histoire : «qu'est ce qui est déjà mort pour nous ? (un sentiment, une relation, une situation, un lieu...) quelles sont celles qui ont été bénéfiques ou jugées nécessaires,(par exemple mort d'une relation de dépendance), quelles sont celles qui ont été acceptées ou au contraire refusées ?»

Chacune plonge dans ses souvenirs ; bien sûr, comme tout travail d'implication, l'essentiel est la réflexion personnelle, le repérage des situations. La mise en commun, le partage avec le groupe sont facultatifs.

On constatera d'ailleurs qu'un tiers environ des participantes ne s'exprimera pas sur ce sujet. Plusieurs évoquent des ruptures, des déménagements datant la plupart du temps de l'enfance et qui aujourd'hui encore, malgré leur ancienneté, sont ressenties comme des ruptures importantes.

Isabelle a quitté sa maison d'enfance et son «pays» l'Algérie ; elle en conserve la nostalgie ; de même Claudie, qui garde le souvenir douloureux de son départ de la Normandie où elle s'efforce de retourner chaque fois qu'elle le peut. Pour l'une et l'autre, c'est la mort de leur enfance dont le deuil n'est peut-être pas fini.

Roseline reste affectée par la vente de la propriété de ses parents, intervenue ces dernières années. Aujourd'hui encore, elle se surprend à faire un détour pour s'assurer que les nouveaux propriétaires s'en occupent bien. Elle résume son sentiment en disant : «j'ai perdu mes racines».

Marie évoque la rupture d'une relation sans en préciser la nature.

Pour Georgette, c'est le déclin de son père qui se laisse glisser vers une semi-impotence; «ce n'est plus le père que j'ai connu et qui se bagarrait dans la vie»; et pour Thérèse c'est la mort de sa mère.

Cathy a encore présent à l'esprit la perte de la confiance absolue qu'elle témoignait à ses parents quand, à l'âge de 9 ans, elle s'est aperçue qu'ils lui avaient menti. Elle réalisait à ce moment-là que le père Noël n'existait pas. Son divorce est pour elle un autre exemple de petite mort qu'elle a vécu et dont elle dit avoir fait complètement le deuil, «mieux que le père Noël».

A la question de la formatrice, quelles sont celles qui n'ont pas été acceptées, Marie va expliquer ce qu'a été cette relation rompue. Il s'agit du départ de son mari. Elle avait alors 21 ans et était enceinte. «J'ai été abandonnée; un jour il n'est pas rentré et n'est jamais revenu et je n'ai jamais su pourquoi. C'est ce que je ne supporte pas.» Plus de 10 ans après, cet abandon lui empoisonne la vie et l'empêche d'être heureuse; elle n'admet pas qu'il n'ait jamais donné signe de vie et ne se soit jamais occupé de son fils tout en affirmant avec violence : «il n'a pas intérêt à revenir». On sent à travers cette violence, un ressentiment intact.

Quand à l'époque, elle a réalisé qu'il ne reviendrait pas, elle a voulu retourner chez ses parents mais sa mère ne l'a pas acceptée; depuis lors, elles sont fâchées. Ce second abandon a été une autre petite mort pour elle. Bien que depuis, elle se soit remariée et ait eu une autre enfant, elle ressent ce premier abandon avec la même force qu'au premier jour. Bien sûr, aucun travail de deuil n'a été fait et on conçoit qu'elle soit incapable de favoriser le travail de deuil chez ses malades et leurs familles.

Alors que d'ordinaire, face à ce genre de témoignage le groupe reste prudemment à l'écart, laissant le dialogue se développer entre l'intéressée et la formatrice, ici, c'est un véritable conseil (conjugal) qui se tient, chacune intervenant, exprimant son point de vue, apportant des suggestions.

Faut-il voir dans cet interventionnisme, l'expression d'une réprobation (il s'agit là d'un public exclusivement féminin) que suscite le thème de la femme abandonnée ou encore l'effet d'une cohésion du groupe qui s'est affirmé au fil des sessions? mais ces multiples interventions vont au-delà des simples lamentations; le désir de comprendre, en particulier pourquoi Marie continue à se punir de cet abandon en s'empêchant d'être heureuse, exprime peut -être aussi que le groupe a acquis une perspicacité nouvelle dont il fait ici usage sans laisser à la seule animatrice le soin de comprendre la situation.

Pendant ce travail et les longs échanges qui ont suivi, des regards se sont portés à maintes reprises vers Micheline; tout le monde a à l'esprit la mort de sa petite fille dont elle a parlé la dernière sessions. Micheline qui jusqu'alors est restée silencieuse explique : «c'est aujourd'hui l'anniversaire de la mort de ma petite fille — comme vous pouvez le penser, il y a quelque chose de moi qui est mort avec elle; j'étais enceinte à ce moment-là de ma deuxième fille et j'ai dit à mon mari : ‹pourquoi ce n'est pas elle qui est morte!›. Micheline avait l'impression, surtout sachant que c'était une fille, qu'elle prenait la place de sa sœur. Elle a repris le travail aussitôt que possible, pour ne pas avoir à s'occuper d'elle; mais très vite, elle a craint qu'elle soit atteinte de la même maladie que sa sœur aînée — puis l'enfant a passé le cap fatidique de l'âge où sa sœur a commencé à être malade, l'inquiétude et le ressentiment de la mère se sont peu à peu effacés. Micheline réalise pour la première fois, que sa seconde fille a pu souffrir de cete situation».

Si Micheline a déjà parlé de sa fille morte, c'est la première fois qu'elle parle de celle qui vit, même si c'est pour reconnaître avoir souhaité sa mort. Le groupe d'ailleurs ne s'y trompe pas, qui y réagit sans indignation en s'interrogeant seulement sur les difficultés à vivre de cette seconde fille.

Les réactions de Micheline s'expliquent certes par un ressentiment, mais sans doute aussi, par l'impossibilité de prendre le nouveau risque d'un investissement affectif dont elle vient de mesurer la force destructrice.

Sa crainte de voir son second enfant victime du même mal que la première, témoigne d'une identification qui conduirait à la même histoire, mais aussi peut-être d'un sentiment de culpabilité; *la «mère indigne» craint d'être «punie» pour son manque d'amour.*

La fin de la journée sera consacrée à l'élaboration et l'étude de situations-problèmes centrées sur la phase dépressive du mourant. Ce travail dont le groupe est totalement responsable, lui permettra de moduler son niveau d'implication et son rythme de travail après une séquence particulièrement dense.

Vendredi 15 avril 1988

La «météo intérieure» du lendemain révèle le lot habituel de migraines et insomnies. Ce travail sur «les petites morts» a eu un impact important sur une grande partie du groupe. Micheline a, pour la première fois, évoqué avec son mari la mort de leur petite fille. Il est d'ailleurs fréquent que le travail effectué dans le groupe donne lieu à des échanges familiaux; la preuve en est apportée de manière répétée.

Cette journée est essentiellement consacrée à une bande vidéo «voyage au bout de la vie», montée à partir de reportages effectués à l'hôpital Saint-Christopher de Londres qui accueille exclusivement des malades en phase terminale et dans des services de soins palliatifs d'hôpitaux canadiens.

En visionnant cette bande, les stagiaires peuvent constater que leurs interrogations, leurs difficultés sont partagées par beaucoup d'autres; les réponses apportées à la douleur et à l'angoisse des malades peuvent être plus adaptées aux situations que celles que leurs pratiques habituelles les conduisent à mettre en œuvre. Elles réalisent que, si les difficultés se retrouvent partout, elles peuvent être à l'origine de comportements individuels et collectifs répondant aux exigences des malades, comme à celles des soignants. Ce regard sur l'extérieur est l'occasion de rencontrer des modèles comportementaux et de vérifier que ces modèles esquissés en formation, ne relèvent pas de l'utopie.

6ᵉ SESSION

Mercredi 18 mai 1988

Cinq semaines se sont écoulées et les retrouvailles habituelles sont teintées de nostalgie car c'est la dernière session, comme le remarque Lisette qui a très souvent exprimé à haute voix ce que pensait le groupe. On constatera d'ailleurs qu'à plusieurs reprises, les stagiaires interviendront indépendamment du thème de travail pour exprimer leur appréciation de l'ensemble des sessions comme mûes par une sorte de nécessité : ne pas se quitter sans que certaines choses aient été dites.

Le travail effectué lors de la session précédente sur les «petites morts» a continué à faire réfléchir les uns et les autres, ce que Marie résumera en disant : «il y a eu du clapot pendant quelques jours».

L'inter-session couvrait les vacances de Pâques et plusieurs ont organisé à cette occasion des activités inhabituelles. Elles y voient les effets de la formation et spécialement de l'exercice des «10 expériences» (que l'on voudrait faire une fois dans sa vie).

Micheline nous informe qu'elle a pu parler à plusieurs reprises avec son mari de leur petite fille décédée et qu'ils ont décidé d'avoir un autre enfant.

Claudette nous annonce qu'elle est enfin enceinte, grossesse qu'elle avait presque cessé d'espérer, et qu'elle avait «décidé» (*sic*) que l'accouchement se passerait normalement.

Prise entre deux possibilités qui lui étaient tout autant inacceptables l'une que l'autre (avoir une césarienne d'une part, ne pas se conformer aux pratiques des femmes de la famille d'autre part) Claudette s'était sans doute mise en position d'incapacitation, en l'occurence incapable d'être enceinte, ce qui lui évitait de choisir.

Les prises de paroles se multiplient, chacune souhaitant indiquer quelles conséquences a eu dans sa vie personnelle cette formation, témoignant que les mouvements de vie sont les plus forts.

Pourtant Anne est absente. Quelques temps auparavant, elle a eu un malaise pendant son service et on a découvert, au cours d'examens de routine, des métastases au rein et au foie. Marie-Claire aura ce commentaire lapidaire : «elle avait donc bien quand même de l'agressivité mais elle l'a retournée contre elle, malheureusement elle y va au bazooka». Anne est devenue une malade et la réflexion de Marie-Claire illustre la manière dont cette agressivité, qu'on s'interdit d'exprimer, se retourne contre la personne elle-même.

Après cette reprise de contact, inhabituelle et particulièrement longue, le programme est élaboré à partir des propositions de la formatrice parmi lesquelles elles retiennent un *dernier exercice d'implication sur leur propre mort.*

Le protocole est le suivant :

1er temps : chacun doit noter par écrit le nom d'une personne qui lui est chère et le garder par devers soi.

2e temps : la formatrice lit le texte suivant : «votre médecin, au cours d'un examen de routine, découvre une tumeur à un endroit qui exclut toute possibilité d'intervention chirurgicale. Il ne vous cache pas que le pronostic est très défavorable»; elle demande à chacun de noter les réactions supposées de la personne dont ils viennent de noter le nom.

3e temps : la formatrice lit le texte suivant : «le médecin vous propose de l'annoncer lui-même à cette personne et vous acceptez cette proposition». Un jeu de rôle suivra où ceux qui le souhaiteront joueront le rôle

de la personne qui leur est chère apprenant du médecin (joué par un autre membre du groupe) cette nouvelle. Les observateurs rapporteront ce qu'ils ont perçu de vos sentiments à travers vos paroles et vos attitudes. Enfin, après avoir relu ce que vous aviez inscrit au sujet des réactions de cette personne choisie, trouvez-vous qu'il y ait une différence entre ce que vous aviez écrit et la façon dont vous avez joué le rôle? Comment expliquez-vous cette différence?

Cet exercice a deux objectifs; d'une part permettre à chacun de s'exprimer dans un contexte où sa propre mort est envisagée comme une réalité; d'autre part, d'explorer deux types de réactions, celles exprimées par écrit dont on peut penser qu'elles correspondent à une attitude distanciée, celles exprimées dans le jeu de rôle sans doute plus révélatrices des attentes profondes voire inconscientes. Au-delà, il peut offrir des indications sur la façon dont nous aimerions être traités si nous apprenions que nous allions mourir. Il permet sans doute d'éviter la confusion de nos propres désirs avec ceux des malades.

Les réactions à cette proposition témoignent de l'impact affectif de cette implication, il s'agit à la fois de quelqu'un qui leur est cher et de leur propre mort. Plusieurs souhaiteraient modifier le protocole, acceptant difficilement que ce soit le médecin qui informe leur proche. La première volontaire pour ce jeu de rôle est Micheline qui est toujours prête à un travail d'implication personnelle; mais ici le thème semble bien proche des préoccupations qu'elle a exprimées et de la souffrance causée par la mort de sa petite fille; la formatrice marquera son peu d'enthousiasme mais Micheline maintient sa décision en affirmant que c'est important pour elle.

Mes réticences sont fondées sur ce que je crois percevoir de l'évolution de Micheline dont les mouvements de vie semblent maintenant l'emporter sur les mouvements de mort; son intervention le matin-même pour nous dire son intention d'avoir un autre enfant le confirme, mais j'ai senti par ailleurs, à plusieurs reprises, qu'elle avait tendance à renouveler l'évocation de cet évènement dramatique qui l'a profondément marquée.

Georgette accepte d'être le médecin, Micheline nous annonçant que le rôle qu'elle va jouer est celui de sa mère.

Le médecin : «je vous ai demandé de venir pour vous parler de la santé de votre fille... elle est gravement malade et nous ne savons pas si nous pourrons la sauver...».

Le dialogue se poursuivra avec gravité mais sérénité, la mère interrogeant le médecin sur les chances et les délais de survie, la souffrance de sa fille ; elle demandera au médecin si sa fille se rend compte de son état et terminera en disant : «tout de même, ce n'est pas juste de mourir si jeune».

A la fin du jeu, la formatrice l'interroge : «est-ce bien le rôle de votre mère que vous avez joué ici ?»

Micheline : «non bien sûr, c'est le mien»

La formatrice : «vous avez sans doute revécu des moments qui étaient pourtant douloureux...»

Micheline : «non justement, personne ne m'avait prévenue pour ma fille quand elle a été hospitalisée à 18 mois pour ses premières convulsions, j'aurai compris et mieux accepté... jamais on ne nous a laissé entendre qu'elle pouvait mourir, aucun médecin n'a eu le courage de nous en parler... j'avais besoin de l'entendre, il me manquait ce maillon ; maintenant je crois que j'accepte la mort de ma fille...».

Le pressentiment était bien fondé ; c'était bien de la mort de sa fille qu'il s'est agi encore mais c'était sans doute pour continuer un travail de deuil.

Quant à Georgette (médecin), elle nous fera part de ses sentiments : «j'étais inquiète d'avoir à jouer ce rôle mais, en tant qu'infirmière, j'ai souvent à le jouer auprès des familles et je voulais m'entraîner à ne plus me dérober ; puis j'étais terriblement angoissée quand j'ai réalisé que nous parlions, que je lui parlais de la mort prochaine de sa petite fille - mais très vite pourtant, j'ai compris que la situation n'était pas dramatique et que cette mère avait besoin de savoir pour se préparer».

Le groupe qui a suivi avec attention tous les échanges, exprime une réprobation rétrospective. L'initiative de Micheline leur est apparue comme la manifestation d'une sorte de «masochisme» (*sic*) ; quant à l'acceptation de la formatrice, malgré les réserves exprimées au départ, elle leur a paru relever de «l'inconscience» (*sic*). Ces appréciations sont l'occasion d'une réflexion et d'un débat sur les interdits que l'on prononce, prétextant l'intérêt de l'Autre, en se substituant à lui et en choisissant parfois à sa place pour éviter de devoir faire face à une situation qui est *pour nous* difficilement soutenable. Dans le cas présent, l'émotion qu'avait suscité l'évocation du décès de cette petite fille chez chacune des participantes, engendrait le refus de voir cette affaire à nouveau évoquée, d'où le jugement de «masochisme» émis pour l'une et d'«inconscience» pour l'autre.

Au-delà, le groupe devinait quelle part de projection peut intervenir dans les réactions vis-à-vis des malades quand les soignants décrètent ce qui est bon pour eux, tout en niant la liberté de l'Autre et en sous-estimant souvent sa capacité à saisir ce qui lui est utile et même parfois profitable.

Cathy se propose à son tour et Lisette sera le médecin, mais elle aura un mouvement de recul quand elle apprendra que son interlocutrice sera une fillette de 11 ans, la plus jeune fille de Cathy.

Le dialogue qui s'instaure devient très vite celui d'un médecin avec une fillette. Cathy s'installe complètement dans le personnage de sa fille, qu'il s'agisse des attitudes ou du langage :
– «elle a quoi ma maman? pourquoi c'est pas elle qui m'en parle?»...

Au médecin qui l'interroge sur ses relations avec son père, elle répond : «mon papa, c'est Jérôme depuis que j'ai deux ans».

Elle concluera l'entretien en disant : «je veux aller voir ma maman tout de suite».

Cathy nous dira plus tard qu'elle a une grande confiance dans cette enfant, qu'elle la croit très solide et capable de supporter le cas échéant cette situation. Son inquiétude porte sur le statut de son second mari qui assume complètement aujourd'hui le rôle de père; elle s'interroge sur ce que deviendraient ses sentiments vis-à-vis des enfants si elle venait à disparaître. Les propos qu'elle met dans la bouche de sa fille : «mon papa maintenant c'est Jérôme», sont sans doute une manière d'exorciser cette crainte. Elle souhaiterait que sa fille réagisse face à une telle situation avec «force et dignité» (*sic*), tout en concluant qu'elle ne laisserait jamais à un autre le soin d'annoncer une telle nouvelle à sa fille et qu'elle consacrerait ses derniers moments à aider sa fille à conquérir «son autonomie affective».

Lors de l'évaluation de la journée, plusieurs diront qu'elles craignaient que cette journée (quasiment la dernière puisque le lendemain sera consacré en partie à l'évaluation globale de la formation) soit un peu morne et nostalgique, mais qu'elles étaient heureuses d'avoir travaillé jusqu'au bout en profondeur; «c'aura été dense et remuant jusqu'au bout» dira l'une d'elles.

Le groupe aura existé pleinement jusqu'au bout; il n'y a pas eu le désinvestissement qu'aurait justifié sa très prochaine dislocation; bref, il n'y aura pas eu de travail de deuil trop anticipé. La comparaison entre ce groupe qui va bientôt disparaître et le malade qui va bientôt mourir, peut être ici évoquée et le maintien jusqu'au bout d'une «vie» de groupe est une image prophétique de la relation qui peut s'instaurer avec un malade, même si cette relation a peu d'avenir.

Jeudi 19 mai 1988

La dernière journée sera essentiellement consacrée aux évaluations, celle de la formation bien sûr, celle de la vie du groupe et une évaluation institutionnelle. Mais dans un premier temps, l'habituelle «météo intérieure» amène son lot habituel de réflexions-retard à partir des implications personnelles sur sa propre mort. Bien que deux personnes seulement aient fait un jeu de rôle, toutes se sont senties profondément impliquées. Au cours de la soirée ou de la nuit, la réflexion s'est poursuivie avec quelques manifestations somatiques.

Mais très vite, les discussions vont porter sur l'ensemble des douze jours de formation avec, dans un premier temps, des témoignages sur les changements personnels survenus au cours de la formation.

Roseline : «c'est depuis l'exercice des 10 expériences que j'ai commencé à faire de la danse rythmique, ce que jusqu'alors je n'avais pu faire faute de temps; je m'aperçois que je l'ai trouvé, le reste s'organise autour».

Laurence : «je me sens plus ‹cool› (*sic*) et je m'occupe davantage de moi; je prends moins au tragique les contre-temps de la vie courante».

Mado : «en rentrant de travailler, je me précipitais pour boucler ménage, repassage, et je bousculais les enfants; maintenant quand j'arrive, je commence par goûter et jouer avec eux».

Micheline : «j'avais toujours peur que mes enfants ‹attrapent quelque chose›; je m'aperçois que je les ‹couvais›; c'est le premier hiver où ils n'ont pas été malades alors qu'au contraire, je les ai laissés sortir par tous les temps».

Les témoignages qui se superposent et s'alimentent sont centrés sur les changements d'attitudes par rapport aux enfants, moins de captation et plus d'attention et d'autonomie pour eux. «On s'autorise plus de choses et on en autorise plus aux autres.»

Cathy confirme qu'elle aussi a évolué; elle se sent «ravigorée» (*sic*). Pourtant, réfléchir à la mort, celle des autres et la sienne, n'a pas été facile : «réfléchir à ma mort m'a conduite à réfléchir au genre de vie que je menais».

Le groupe approuve les paroles de Cathy et se reconnait bien dans cette analyse.

Ces témoignages des soignants évoquent l'expansion libidinale dont on a vu qu'elle était un élément du travail du trépas. Les simulations qui les ont conduites à s'imaginer vieillard ou mourant, ont sans doute favorisé cette expansion qui se traduit dans la réalité, par le désir de mieux maîtriser sa propre vie; suite à une prise de conscience plus vive de sa précarité, mais aussi de sa valeur.

Mais ces changements personnels qui sont évoqués, sont confirmés ou commentés par d'autres membres du groupe et vont déboucher sur la manière dont les unes ou les autres se sont mutuellement perçues, et sur la vie du groupe. C'est ainsi que nous apprendrons que Thérèse a eu des difficultés à accepter Cathy dans le groupe car elle ressemble tellement à la première épouse de son mari. Cathy confirmera qu'elle a bien ressenti dès le début cette hostilité latente sans en comprendre l'origine.

Ces échanges ont dépassé de loin ce qu'est d'ordinaire la «météo intérieure». Il s'agit en fait d'une évaluation spontanée de la vie de groupe. L'évaluation de la formation elle-même s'effectue à partir de pistes de réflexion proposées par la formatrice.

Les temps forts : trois moments privilégiés restent en mémoire :

les implications personnelles et celles des autres

les dix expériences souhaitées avant de mourir

«mes derniers désirs»

Problèmes particuliers : supporter parfois les moments de très forte émotion.

D'autres attentes : non, car celles du départ étaient très floues; la plupart des participantes se demandaient d'ailleurs ce que la *formatrice* allait bien pouvoir leur dire sur les mourants pendant douze jours (!).

Perspectives : les première remarques portent sur l'intérêt d'un recyclage annuel d'une semaine, ce qui peut aussi témoigner du désir de ne pas rompre définitivement les liens qui se sont constitués dans le groupe. Sont également envisagées des réunions régulières au cours desquelles pourraient être évoquées en commun les difficultés relationnelles avec les mourants. Ce type de projet doit bien sûr au refus de faire le deuil du groupe.

Le deuil du groupe se fait timidement mais ce qui les réunit devient un projet qui dépasse les frontières du groupe et vise à recréer les conditions qui ont permis les échanges, remèdes à leur détresse individuelle. En bref, si ce groupe a vécu, elles souhaitent un nouveau groupe de réassurance pour conforter de nouvelles pratiques.

Les apports par rapport à votre pratique professionnelle : la formation s'est déroulée sur six mois et le problème de l'accompagnement des mourants s'est posé à elles de manière régulière; elles ont pu confronter leur évolution et leurs nouvelles pratiques relationnelles :

«il y a des choses que je ne ferai plus vis-à-vis des mourants, même si on m'en donne l'ordre».

«je suis plus détendue, j'ai moins d'appréhension dans ma relation avec eux».

«j'ai vraiment le désir d'aider les malades à avoir une mort plus paisible».

«je les fuis moins parce que je crois mieux comprendre ce qui se passe pour eux»...

Malgré ces aspects positifs, les choses ne sont pas réglées, la douleur devant la mort ne sera jamais évacuée, même si l'émotion peut être moins stérile et destructrice.

Le bilan institutionnnel se fait en présence du chargé de formation auprès de la Direction, de l'Infirmière Générale, et des surveillants des stagiaires. Leur attitude est ambivalente; ils viennent bien sûr s'informer du déroulement du stage, mais ils expriment aussi une curiosité vis-à-vis de ces gens qui ont réfléchi à la mort, s'étonnant d'ailleurs à haute voix de constater qu'ils ont l'air «en forme» (*sic*), un peu comme s'ils visitaient des malades dont l'état serait inespéré.

Au-delà des évaluations habituelles, s'instaure rapidement un autre type d'échanges. Les stagiaires vont parler de manière simple et authentique de leurs difficultés relationnelles avec les mourants, ce qui conduira les responsables, étonnées et séduits, à rentrer dans cette discussion, évoquant leurs propres difficultés à aborder le problème de la mort.

Mais la discussion va changer de sens, les stagiaires interpellant les responsables sur la politique de l'hôpital face à ce problème, insistant sur l'impérieuse nécessité d'agir pour tenter de le résoudre, en particulier en multipliant le nombre de ces formations. Le ton n'exprime pas une revendication mais une interrogation collective qui concerne aussi bien les responsables que les exécutants.

Le groupe de responsables qui était venu faire le bilan d'une formation est à la fois déconcerté et intéressé par cette démarche qui intègre la formation dans une stratégie globale où elle apparaît comme un des éléments indispensables. Mais elle ne portera pleinement ses fruits que si d'autres changements, d'ordre institutionnel ceux-là, viennent la compléter pour lui conférer toute son efficience.

NOTES

[1] Formation réactionnelle : tendance par laquelle l'individu adopte des comportements qui sont exactement à l'opposé de ce qu'il ressent. De cette façon, l'individu peut cacher son véritable sentiment ou sa véritable motivation en exprimant de façon visible, son contraire.

[2] Après une discussion sur le roman familial, le scénario de vie ou les traditions familiales en matière de maladie, Claudette avait dit à la formatrice lors d'une pause-café qu'elle découvrait l'emprise qu'avait sur elle, les habitudes familiales : «ma mère, mes tantes, mes sœurs ont toujours eu des problèmes à l'accouchement et je n'ai pas échappé à cette tradition ; j'ai eu une césarienne décidée lors de l'acccouchement et que rien médicalement ne laissait prévoir. Je me souviens que ma mère et mes sœurs me disaient qu'elles espéraient que ma césarienne se passerait bien et jamais qu'elles espéraient que mon accouchement se passerait bien. Je réalise maintenant que j'aurai pu éviter cette opération. Malheureusement, depuis 4 ans, je n'arrive pas à avoir un deuxième enfant bien que tous les examens soient normaux».

Chapitre 3
Problématique du changement

Quels que soient les regards portés sur cette formation, ils montrent tous l'importance des changements auxquels sont confrontés les stagiaires, et la problématique de cette formation est d'abord une problématique du changement. Ce changement passe principalement par des conflits intrapsychiques et socio-culturels; en d'autres termes, des conflits personnels et professionnels.

Les conflits personnels s'articulent autour de deux éléments facteurs de destabilisation: l'abandon du phantasme d'immortalité, phantasme qui structurait les visions de l'avenir, et la réhabilitation de l'implication émotionnelle.

La prise de conscience de son caractère mortel se heurte à deux difficultés. La première tient bien sûr à la négation, élément essentiel de notre socialisation par rapport à la mort. La seconde découle de notre phantasme d'immortalité. Un discours extérieur n'est pas en mesure de vaincre ces deux résistances; elles ne tomberont que grâce à une intériorisation. Ce n'est pas l'abstraction de la mort qu'il faut rencontrer, mais l'évocation de «sa propre mort» dans ses aspects les plus concrets et les plus intimes. Ce n'est qu'à travers des mises en situation conduisant à imaginer sa propre mort dans un futur lointain puis dans le présent que les stagiaires peuvent prendre conscience de leur caractère mortel.

S'imaginer vieillard est une première étape; car si l'avenir est pour chacun de nous une zone de projets, il est rarement un temps où l'on intègre la déchéance et la mort. Il est fréquent de constater que ce scénario de fin de vie n'est pas une construction propre à l'individu, mais relève d'une sorte d'identification à un autre (souvent à un ascendant). Mais cette prise de conscience conduit aussi à réaliser que cette copie du scénario n'est pas limitée aux derniers instants, elle traverse toute l'existence, y compris le présent, donnant parfois un sens à des attitudes, des décisions, autorisant le cas échéant de nouveaux choix de vie. On retrouve ici toute la problématique du sens et du choix.

Le sens, c'est d'abord celui que chacun donne, en référence à sa propre histoire, avant d'être la réponse à une situation extérieure. Il est attaché au sujet beaucoup plus qu'à l'objet; ce n'est pas tant le sens de l'événement que le sens de la réaction de chacun à cet événement. La signification conquise n'a finalement qu'une valeur individuelle, le sens trouvé est personnel. La découverte du sens donne les moyens d'un choix, la possibilité d'une re-décision. La situation n'est désormais plus sans issue.

Mais découvrir le sens, c'est aussi effectuer une analyse critique, une évaluation de soi-même avec toutes les résistances et les défenses qu'elle peut susciter. Cette ré-évaluation de ses propres pratiques peut entraîner également une ré-évaluation de celles des autres et du contexte professionnel dans lequel elles s'inscrivent, avec en contrepartie le risque de conflits quand s'affrontent le point de vue en évolution de la personne en formation et celui des autres collègues qui ne s'inscrivent pas dans un processus formatif.

Quant à ce vieillard vécu dans l'imaginaire, quelles que soient les consonnances avec celui qui l'exprime, il reste potentiel et improbable. L'expression de «ses derniers désirs», si la mort devait nous frapper à une échéance certaine et proche, révèle ce que sont *ici et maintenant* les dernières urgences, essentielles mais toujours remises.

Ces situations, même vécues dans l'imaginaire, sont l'occasion d'une réflexion sur le deuil et permettent de constater que des petites morts ponctuent notre vie (mort d'une relation, d'une situation...) et qu'elles ont été ou non acceptées, qu'elles ont fait ou non l'objet d'un travail de deuil. C'est *un travail sur soi* important. La mort n'est pas seulement cet évènement unique et terminal, elle est diffuse dans la vie. En reconnaître les traces est, d'une certaine manière, se réapproprier sa vie.

Par ailleurs, il se peut qu'un travail de deuil dont l'objet est clairement perçu par le stagiaire, soit l'objectif principal et annoncé d'une démarche qui, si elle s'inscrit dans un contexte professionnel, est essentiellement une démarche personnelle. Si le cas de Micheline dans la chronique est à ce titre exemplaire, bon nombre des autres participants poursuit un objectif analogue, même s'il est moins clairement explicité. Quand ce travail de deuil est accompli, on constate l'émergence de mouvements de vie jusqu'alors interdits, comme si le travail de deuil marquait le passage des mouvements de mort aux mouvements de vie.

Le quotidien engendre rarement une réflexion sur sa vie et ses choix. Quand une circonstance extérieure vient rappeler la précarité de l'existence, la question de son sens se trouve posée avec insistance. La formation est une de ces circonstances et la fréquentation de la mort, fût-ce dans l'imaginaire, constitue une occasion éminemment favorable à ce que soit posée la question du sens de la vie et que soient parfois remis en cause les choix qui la guident. Ces interrogations, même si l'évocation de la mort en est la cause, favorisent l'expression des mouvements de vie. La vie devient d'autant plus précieuse qu'elle peut être à tout instant remise en cause.

Il peut paraître paradoxal que ceux-là mêmes qui côtoient la mort dans la réalité et la quotidienneté, n'aient pas depuis longtemps accompli cette démarche et n'expriment pas en permanence leurs mouvements de vie; mais l'expérience de la mort de l'Autre, précisément parce que c'est celle de l'Autre, n'altère en rien la puissance du phantasme d'immortalité. La mort de l'Autre me révèle son caractère mortel mais n'affecte pas *mon* sentiment d'immortalité. Par contre, l'expérience dans l'imaginaire de ma propre fin, l'expression de mes derniers désirs ont un impact plus important que l'expérience, dans la réalité objective, de disparitions qui me laissent «éternel» survivant.

Le parallèlisme entre l'expansion libidinale qui caractérise et accompagne le travail du trépas tel que le définit Michel de M'Uzan, et celle dont témoignent les soignants en cours de formation est trop évident pour ne pas être signalé, comme si le fait de s'être prévu (pré-vu) mourant dans des implications personnelles ou des simulations, suffisait à déclencher cette expansion libidinale. Bien plus, on peut se demander si elle n'est pas moins liée à la phase terminale d'une vie, qu'à une prise de conscience de son caractère mortel ainsi que du deuil (de l'abandon) du phantasme d'immortalité. Mais dans une société qui nie la mort, cette prise de conscience est le plus souvent concomitante aux derniers instants, quand la négation n'est décidément plus possible. Dans cette perspective, la phase de dépression décrite par Elisabeth Kübler-Ross pourrait correspondre au travail de deuil, non seulement par rapport à sa vie, mais aussi par rapport à son propre phantasme d'immortalité.

L' autre facteur de stabilisation est la réhabilitation de l'implication; le mourant, dans son travail du trépas, sollicite l'implication de ses soignants alors que ceux-ci, craignant d'être happés et détruits, tentent une distanciation dont ils savent aussi qu'elle ne répond pas à l'attente ultime du mourant. La formation tend à rendre acceptable, sinon satisfaisante, la relation pour les deux protagonistes.

Mais le degré d'implication que semble exiger le mourant dans la relation qu'il établit avec ses soignants, n'est peut-être pas aussi fort qu'il apparaît dans les phantasmes de phagocytage de ces derniers; un autre type de relation peut sans doute être établi, qui protège la personnalité du soignant et ne l'oblige pas sans cesse à s'investir dans une relation qui se trouvera rapidement interrompue. La demande du mourant n'est sans doute pas si différente de celle que peut établir un analyste ou un thérapeute avec son patient. Celui-ci vivra une expérience forte sur le plan émotionnel et affectif. Il rencontrera la sympathie attentive du thérapeute, ce qui n'exclut pas une certaine mise à distance d'ailleurs nécessaire à la réussite de la thérapie. Si tel est le cas, le soignant peut préserver son identité, tout en offrant au mourant une réponse flexible. L'expérience personnelle que vivent en formation les soignants, les amène à s'impliquer et à exprimer des sentiments et des émotions devant un groupe et un formateur dont ils sentent la sympathie, mais dont ils n'exigent pas une affection inconditionnelle. Tout ceci leur prouve que le dialogue est possible entre des partenaires dont le degré d'implication affective n'est pas le même; l'expérience qu'ils font lorsqu'ils sont témoins de l'émotion, voire de la douleur d'un membre du groupe, peut les confirmer dans ce sentiment qu'il n'est pas nécessaire d'être bouleversé pour partager, qu'il est possible de conserver l'intégrité de sa personnalité, sans pour autant être indifférent.

Dans ce contexte, l'objectif qui fonde l'équipe soignante, la réassurance individuelle, pourrait alors être considérée non plus comme un processus défensif qui mettrait chacun de ses membres à l'abri de l'agression émotionnelle qu'implique le côtoiement des mourants, mais de donner à cette équipe le rôle et la fonction qui est celle des instances de contrôle dans le cas des analystes et des thérapeutes, la présence d'un analyste ou d'un psychologue pouvant faciliter cette nouvelle fonction de l'équipe soignante. Ainsi, l'élément fondateur de l'équipe ne serait plus la dilution de l'implication mais sa gestion, non plus la création d'une armure mais la consolidation d'un squelette qui donne à chaque soignant une stature lui permettant cette fréquentation des derniers instants de ses semblables, en leur apportant son soutien.

Ces changements personnels majeurs s'accompagnent de conflits socio-culturels, car il ne s'agit pas moins que de passer d'un système de valeurs à un autre, de rompre avec le consensus social sur la mort pour rejoindre un nouveau groupe de référence à l'existence mal assurée, qui reconnaîtrait la mort comme une donnée familière, comme une réalité. C'est le passage d'un code social, inadapté peut-être, mais habituel et rassurant, à de nouvelles références encore incertaines que la formation devra faire émerger. Cette perte des repères, l'abandon d'un système de valeurs partagées par les membres de la société globale, font courir des risques aux stagiaires.

En effet, l'existence même d'une formation dont le thème est la mort, entr'ouvre le voile du tabou. La démarche personnelle qui conduit un soignant à s'y inscrire, est une reconnaissance implicite du caractère inadéquat de la dénégation de la mort par l'ensemble du corps social. Malgré la difficulté qu'il pressent, il accepte de se risquer sur des territoires interdits. Sans doute, pour l'institution comme pour ses membres, cette démarche répond à des difficultés nombreuses et répétées; elle est une tentative d'exorciser la souffrance et le désarroi, conséquence de la fréquentation de la mort, et non la contestation explicite de la norme idéale. Mais la formation va permettre de dépasser le stade de la douleur et de la confusion pour en trouver le sens, sens qui révèle que la norme idéale est inadaptée et pernicieuse. Ce constat entraîne une désocialisation; mais le contexte dans lequel s'effectue cette désocialisation, celui du groupe de formation, atténue les risques inhérents à cette étape. Son caractère collectif confère au groupe de manière provisoire, un rôle de réassurance au bénéfice de chacun.

Mais une resocialisation peut et doit bien sûr intervenir. Elle conduira à l'élaboration de comportements nouveaux. Elle s'accomplira essentiellement à travers les exercices d'implication personnelle qui permettront non seulement de constater la réalité de la mort, mais bien à chacun de reconnaître son caractère mortel; en d'autres termes, cela signifie que la norme effective que nie le discours social est bien conforme à la réalité.

Loin de provoquer la confusion et l'angoisse, cette révélation extirpe un malaise lié à la persistance de l'écart entre la norme effective et ce qui était alors pour eux, la norme idéale. La situation ressemble à bien des égards à celle des mourants qui, faisant l'expérience concrète du processus de mort à l'œuvre en eux, s'entendent répéter que «tout ne va si mal», situation que Maurice Berger considère comme pouvant conduire «à un processus de psychotisation tant est grande la discordance entre ce que ressent le malade et les réponses de l'entourage» [1].

Ainsi, loin d'aboutir à des perturbations, cette nouvelle lucidité instaure pour les soignants, par ce nouveau discours, une cohérence avec son vécu et ses perceptions de la réalité. Bien plus, elle entraîne l'exaltation de mouvements de vie qui concernent la personne dans sa totalité. Il ne s'agit pas d'un simple changement de pratiques professionnelles, mais d'une mutation plus profonde qui porte sur le sens de la vie et qui se manifestera désormais dans tous les domaines de la vie du soignant. C'est à ce titre qu'on peut parler d'une resocialisation.

La formation à l'accompagnement des mourants ne correspond pas à une technique de relations, elle ne fait pas d'abord l'objet d'un contenu spécifique; c'est la possibilité que le mourant et le soignant se rencontrent sur un même terrain, partageant les mêmes certitudes et les mêmes inquiétudes. Cette socialisation commune à l'un comme à l'autre, fût-elle en contradiction avec celle de leur groupe d'appartenance, est la condition même de la relation. La dyade ultime s'établit entre des personnes qui reconnaissent ensemble la réalité de la mort; ils constituent une sorte de groupe social (une sous-culture?), celui de marginaux qui refusent la négation de la mort. Ils sont liés par la solidarité de ceux qui se reconnaissent mortels.

Par ailleurs, le sentiment d'appartenance peut aussi se trouver remis en cause quand les soignants en formation font une analyse de leurs pratiques à travers des situations-problèmes. Ces situations, jusqu'alors vécues dans l'action et présentant de ce fait un caractère d'urgence, sont rarement, dans le tumulte professionnel, l'occasion d'une réflexion qui permettrait d'analyser la pertinence d'une réponse vis-à-vis d'une situation et qui faciliterait également la construction de pratiques plus adéquates. Le groupe en formation porte en lui-même toutes ces pratiques et comporte tous les acteurs de l'équipe soignante, mais il est débarassé de la responsabilité et de l'urgence de l'action; il est ainsi capable d'une mise à distance, d'une «rupture», condition première pour sortir de l'activisme. Le manque de temps et l'enjeu de l'action, ressentis comme autant de contraintes mais érigés comme autant d'alibis, disparaissent en formation.

Ces nouvelles pratiques expérimentées sont proposées aux autres membres de leur équipe qui peuvent se sentir jugés et par là, culpabilisés; ayant conscience eux aussi du caractère inadéquat de leurs comportements vis-à-vis des mourants, ils ne sont pas pour autant en mesure d'en élaborer d'autres. Ils auront ainsi tendance à écarter celui qui réactive leur culpabilité et met en évidence leur défaillance professionnelle. Bien plus, si l'équipe soignante a une fonction de protection qui joue au bénéfice de ses membres contre l'angoisse (contre les mourants?), la défaillance de certains qui se différencient et donc se désolidarisent, affaiblit la capacité de ré-assurance et donc, l'équipe. Il peut s'en suivre un rejet et une réactivation des défenses. L'équipe soignante, qui jusqu'alors fonctionnait sur le mode défensif et se voit désormais proposer une autre attitude fondée sur la gestion de l'implication affective, n'est pas en mesure, même si elle en perçoit le bien-fondé, de mener à bien ce changement.

Des conflits professionnels et inter-personnels peuvent alors surgir, liés à deux cultures[2] distinctes et même antinomiques, qui viennent rompre l'apparente unité de l'équipe. Ces conflits apparaissent particulièrement avec les médecins, dans la mesure où, sur le terrain de la compréhension et de la psychologie des mourants, ceux qui sont d'ordinaire investis naturellement du pouvoir de la connaissance, se trouvent désormais défaillants dans l'ordre d'une autre connaissance, quand ils sont incapables de comprendre tout à la fois la demande de leurs malades et la réponse qui est donnée par certains soignants.

Mais le champ d'application qui oblige à un regard sur le milieu de travail et à une analyse des pratiques professionnelles, porte les germes d'une analyse institutionnelle; car c'est bien la défaillance des comportements professionnels qui est tout à la fois à l'origine de la demande et au centre de la formation. Qu'ils soient reconnus inadéquats, affecte la confiance que chacun porte à la structure dont il est membre. Qu'ils puissent en même temps être considérés comme perfectibles, l'amélioration étant la conséquence de la démarche personnelle de formation, donne à chaque soignant le sentiment de sa capacité à modifier le système dont il avait peut-être jusqu'alors l'impression de n'être qu'un rouage.

Si l'analyse institutionnelle intervient naturellement dans le processus de formation, on peut s'interroger sur les conséquences qu'elle aura sur le fonctionnement même de l'institution. Il est possible qu'elle se limite à des ré-ajustements personnels sans remettre en cause ni les principes, ni l'organisation de l'institution. Il n'entre pas dans l'intention de l'institution hospitalière que des modifications profondes de son fonctionnement puissent être la conséquence de la formation; le caractère d'impérieuse nécessité qui explique et justifie cette démarche, exclut pourtant les changements. Le recours à la formation n'est pas la demande explicite d'une intervention institutionnelle, alors qu'elle en a bien des caractéristiques.

Il faut en effet distinguer, ce qui serait de l'ordre de la volonté exprimée par l'hôpital, d'une intervention institutionnelle, et la réalité de cette intervention par les implications institutionnelles, comme conséquence imprévue de cette formation. Il est rare en effet qu'une analyse complète du problème qui conduit au recours à la formation, ait été faite au préalable par l'hôpital. L'objectif qu'il poursuit vise d'abord à aseptiser une situation relationnelle, et l'injonction : «voyez ce que vous pouvez pour eux» voudrait limiter aux seules personnes les changements qui doivent intervenir, l'institution ne devant pas en être affectée.

Il arrive toutefois que la prise de conscience par l'institution de l'ampleur des problèmes, provoque une demande qui inclut cette démarche, car l'objet même de la formation s'inscrit dans une problématique de crise. Crise institutionnelle liée à la mutation qui ne fait plus seulement de l'hôpital un lieu où l'on répare, mais aussi un lieu où l'on meurt. Crise personnelle des soignants, confrontés à la fois à la réalité de la mort et au tabou qui par ailleurs l'entoure.

Ainsi pressentie ou écartée, l'intervention institutionnelle apparaît comme une donnée de la demande de formation et une conséquence naturelle de son déroulement. La volonté de cette intervention peut être absente, la réalité est là, rebelle et péremptoire qui, au-delà des phantasmes, des attentes et des désirs de l'institution, la confrontera à des pressions pour le changement. Car, plus encore que les réformes structurelles, les modifications organisationnelles, les changements profonds intervenus dans les mentalités, conduiront à des interrogations fondamentales exprimées par les soignants. En effet, l'hôpital n'est instituant qu'à travers ses membres, que ceux-ci aient découvert l'inadéquation des règles et des mobiles, aucune règle, aucune hiérarchie ne pourra, à terme, résister à cette nouvelle compréhension. L'intervention institutionnelle, souhaitée ou non, est inhérente au processus de changement dans lequel s'inscrivent les soignants et les conduit à une nouvelle socialisation par essence contestataire.

Ces conflits de caractère inter-personnel ou institutionnel, même s'ils affectent les soignants, sont pourtant moins douloureux que les conflits intra-psychiques qui naissent de la distorsion entre la socialisation faite de négation et l'expérience concrète et renouvelée de la mort de l'Autre.

Dans l'entre-deux que constitue la phase formative, le groupe comme le formateur, assumeront la fonction de réassurance. Celle-ci est nécessaire en ceci : la perte du sentiment d'appartenance à un groupe donné doit être compensée par la certitude de trouver un autre groupe de référence où pourra se construire le nouveau code social et se vérifier sa pertinence. Le groupe jouera ainsi un rôle de substitution jusqu'à ce que la consolidation du nouveau code soit suffisant. De même, les conflits qui surgiront dans la pratique professionnelle, pourront faire l'objet d'une analyse et être dépassés au sein du groupe de formation. Bien plus, le stagiaire, assuré de trouver assistance et réconfort au sein de ce nouveau groupe de référence, pourra conflictualiser (et non plus se dérober) les différences ou les oppositions qui accompagneront dans la vie professionnelle, toute son évolution. «Maintenir une situation formative, c'est maintenir les termes du conflit dans un climat où il puisse être exprimé et surmonté, c'est rendre possible l'essayage de nouvelles relations».[3]

L'importance des changements qui touchent d'abord les comportements individuels avant même de concerner les comportements collectifs, impose à la formation un certain rythme et du temps; il faut que se réalise progressivement l'appropriation du nouveau code, que son utilisation, d'abord balbutiante dans la vie professionnelle comme dans la vie personnelle, et les échecs ressentis, puissent être ré-investis dans le groupe, engendrant de nouvelles tentatives, jusqu'à ce que l'expérience soit faite que le nouveau code, désormais intégré, fonctionne comme guide de comportement. Le temps et le rythme sont donc des facteurs importants de ré-assurance.

La gestion des conflits et l'accompagnement du changement sont, au-delà du savoir-faire et de la technique du formateur, un élément essentiel de sa responsabilité. C'est lui qui devra en dernier ressort, y compris si le groupe se dérobait, assumer la fonction de réassurance. Il doit permission et protection aux stagiaires.

On constate d'ailleurs, que lorsque la formation est officiellement terminée, entendons par là lorsque le groupe en tant que tel et le formateur disparaissent, la volonté de maintenir, de pérenniser entre eux la fonction de réassurance, incite les soignants à s'organiser pour maintenir, de préférence dans le cadre institutionnel, le type d'échanges qu'ils ont connu au cours de la formation.

Au-delà de la difficulté incontestable pour tout groupe d'accomplir le travail de deuil consécutif à la séparation, il faut y voir la manifestation d'un besoin très profond qui révèle en même temps la perspicacité acquise. Nous avons noté que la relation aux mourants exigeait une implication personnelle qui pourrait devenir destabilisatrice si une régulation n'intervenait pas pour en limiter l'ampleur. Ce désir, ce besoin, atteste à notre sens qu'une nouvelle dimension de leur fonction soignante est désormais acquise, qu'au-delà d'une connaissance des besoins de leurs malades, ils ont découvert par quels mécanismes ils seraient en mesure, sans dommage pour eux, de maintenir cette exigence et la qualité de la relation. Que l'institution reconnaisse parfois le bien-fondé de cette démarche et la facilite, permet d'espérer qu'au-delà d'une prise de conscience par quelques uns, une mutation plus profonde est possible.

Il faut reconnaître que cette démarche institutionnelle qui n'est acquise que lorsqu'un nombre suffisant de soignants «marginaux» par la manière dont ils appréhendent la mort, est le vecteur de ces nouvelles exigences. Une masse critique est nécessaire pour que soit reconnue la justesse de ce besoin.

Il demeure que ces formations restent peu nombreuses, pour ne pas dire confidentielles, et les soignants qui y participent peuvent apparaître comme des marginaux-stagiaires, en ce sens que leur socialisation diffère de celle en vigueur dans la société globale.

Que dire alors des «marginaux-formateurs», fabricants de marginalité, sinon qu'ils procèdent de cette même marginalité. Ils rêvent de réparer les désordres causés aux soignants par la fréquentation de la mort, de les re-former en leur proposant une nouvelle socialisation; ils «sont pris dans l'illusion parfois féconde, qu'ils sauront pouvoir, savoir et persister mieux et autrement que la génération dont ils sont issus»[4]. Leur phantasme d'omnipotence leur permet d'espérer qu'un jour viendra où il sera possible de réconcilier la société avec ses mourants, qui resteraient jusqu'au bout membres à part entière du corps social, et que pour chacun de nous, une ultime tendresse vienne adoucir nos derniers moments.

NOTES

[1] Maurice BERGER, *Perspectives psychiatriques*, 1978, II, n° 66, il rajoute : «imaginons qu'à la question ‹quelle heure est-il?› nous soit répondu : ‹3ᵉ porte à gauche› et ceci de manière répétitive et l'on comprendra le flou qui peut survenir au niveau de la perception de la réalité».
[2] Culture, ensemble des pratiques d'un groupe.
[3] René KAES, *op. cit.*, p. 73.
[4] René KAES, *op. cit.*, p. 7.

Table des Matières

Préface 5

1re PARTIE : L'HOPITAL 11

Chapitre 1
L'hôpital, lieu de mort et objet de phantasmes 13

Chapitre 2
La réalite dans les services 21

Angoisse et culpabilité.. 22
Orages émotionnels... 26

Chapitre 3
La mort différenciée 29

La mort de l'enfant... 30
Mourir en réanimation.. 36

Chapitre 4
De la mort cachée à la mort donnée 45

L'équipe soignante protège le soignant................................. 47

2e PARTIE : DE QUOI MEURT-ON? 53

Chapitre 1
Pourquoi mourir?... 55

Chapitre 2
La mort tout de même 65

La mort au pluriel 66
Langage symbolique de la douleur 74
   Douleur-détresse 75
   Douleur et plaisir 75
   Douleur, support de la relation du grand malade et de ses soignants ... 77
   Douleur et dépendance 79
   Réponse institutionnelle à la douleur 81
Le travail du trépas 83
Le parcours psychologique du mourant 89
   La dénégation 89
   La révolte 90
   La négociation 91
   La dépression 93
   L'acceptation 94

3ᵉ PARTIE : FORMATION 97

Chapitre 1
Mise en place de la formation : attentes et phantasmes 99

Les attentes de l'institution 100
Les attentes des soignants-stagiaires 101
Les phantasmes du formateur 103

Chapitre 2
Chronique d'une formation 107

1ʳᵉ session 109
   Mercredi 9 décembre 1987 109
   Jeudi 10 décembre 1987 111
2ᵉ session 116
   Mercredi 12 janvier 1988 116
   Jeudi 13 janvier 1988 120
3ᵉ session 120
   Mercredi 17 février 1988 120
   Jeudi 18 février 1988 123
4ᵉ session 127
   Jeudi 17 mars 1988 127
   Vendredi 18 mars 1988 130
5ᵉ session 132
   Jeudi 14 avril 1988 132
   Vendredi 15 avril 1988 135
6ᵉ session 136
   Mercredi 18 mai 1988 136
   Jeudi 19 mai 1988 141

Chapitre 3
Problématique du changement 145

CHEZ LE MEME EDITEUR

PSYCHOLOGIE ET SCIENCES HUMAINES
collection publiée sous la direction de MARC RICHELLE

1 Dr Paul Chauchard: LA MAITRISE DE SOI, 9ᵉ éd.
5 François Duyckaerts: LA FORMATION DU LIEN SEXUEL, 9ᵉ éd.
7 Paul-A. Osterrieth: FAIRE DES ADULTES, 16ᵉ éd.
9 Daniel Widlöcher: L'INTERPRETATION DES DESSINS D'ENFANTS, 9ᵉ éd.
11 Berthe Reymond-Rivier: LE DEVELOPPEMENT SOCIAL
   DE L'ENFANT ET DE L'ADOLESCENT, 9ᵉ éd.
12 Maurice Dongier: NEVROSES ET TROUBLES PSYCHOSOMATIQUES, 7ᵉ éd.
15 Roger Mucchielli: INTRODUCTION A LA PSYCHOLOGIE STRUCTURALE,
   3ᵉ éd.
16 Claude Köhler: JEUNES DEFICIENTS MENTAUX, 4ᵉ éd.
21 Dr P. Geissmann et Dr R. Durand: LES METHODES DE RELAXATION, 4ᵉ éd.
22 H. T. Klinkhamer-Steketée: PSYCHOTHERAPIE PAR LE JEU, 3ᵉ éd.
23 Louis Corman: L'EXAMEN PSYCHOLOGIQUE D'UN ENFANT, 3ᵉ éd.
24 Marc Richelle: POURQUOI LES PSYCHOLOGUES?, 6ᵉ éd.
25 Lucien Israel: LE MEDECIN FACE AU MALADE, 5ᵉ éd.
26 Francine Robaye-Geelen: L'ENFANT AU CERVEAU BLESSE, 2ᵉ éd.
27 B.F. Skinner: LA REVOLUTION SCIENTIFIQUE DE L'ENSEIGNEMENT,
   3ᵉ éd.
28 Colette Durieu: LA REEDUCATION DES APHASIQUES
29 J.C. Ruwet: ETHOLOGIE: BIOLOGIE DU COMPORTEMENT, 3ᵉ éd.
30 Eugénie De Keyser: ART ET MESURE DE L'ESPACE
32 Ernest Natalis: CARREFOURS PSYCHOPEDAGOGIQUES
33 E. Hartmann: BIOLOGIE DU REVE
34 Georges Bastin: DICTIONNAIRE DE LA PSYCHOLOGIE SEXUELLE
35 Louis Corman: PSYCHO-PATHOLOGIE DE LA RIVALITE FRATERNELLE
36 Dr G. Varenne: L'ABUS DES DROGUES
37 Christian Debuyst, Julienne Joos: L'ENFANT ET L'ADOLESCENT VOLEURS
38 B.-F. Skinner: L'ANALYSE EXPERIMENTALE DU COMPORTEMENT, 2ᵉ éd.
39 D.J. West: HOMOSEXUALITE
40 R. Droz et M. Rahmy: LIRE PIAGET, 3ᵉ éd.
41 José M.R. Delgado: LE CONDITIONNEMENT DU CERVEAU
   ET LA LIBERTE DE L'ESPRIT
42 Denis Szabo, Denis Gagné, Alice Parizeau: L'ADOLESCENT ET LA SOCIETE,
   2ᵉ éd.
43 Pierre Oléron: LANGAGE ET DEVELOPPEMENT MENTAL, 2ᵉ éd.
44 Roger Mucchielli: ANALYSE EXISTENTIELLE
   ET PSYCHOTHERAPIE PHENOMENO-STRUCTURALE
45 Gertrud L. Wyatt: LA RELATION MERE-ENFANT
   ET L'ACQUISITION DU LANGAGE, 2ᵉ éd.
46 Dr Etienne De Greeff: AMOUR ET CRIMES D'AMOUR
47 Louis Corman: L'EDUCATION ECLAIREE PAR LA PSYCHANALYSE
48 Jean-Claude Benoit et Mario Berta: L'ACTIVATION PSYCHOTHERAPIQUE
49 T. Ayllon et N. Azrin: TRAITEMENT COMPORTEMENTAL
   EN INSTITUTION PSYCHIATRIQUE
50 G. Rucquoy: LA CONSULTATION CONJUGALE
51 R. Titone: LE BILINGUISME PRECOCE
52 G. Kellens: BANQUEROUTE ET BANQUEROUTIERS
53 François Duyckaerts: CONSCIENCE ET PRISE DE CONSCIENCE
54 Jacques Launay, Jacques Levine et Gilbert Maurey:
   LE REVE EVEILLE-DIRIGE ET L'INCONSCIENT
55 Alain Lieury: LA MEMOIRE
56 Louis Corman: NARCISSISME ET FRUSTRATION D'AMOUR
57 E. Hartmann: LES FONCTIONS DU SOMMEIL

58 Jean-Marie Paisse: L'UNIVERS SYMBOLIQUE DE L'ENFANT ARRIERE MENTAL
59 Jacques Van Rillaer: L'AGRESSIVITE HUMAINE
60 Georges Mounin: LINGUISTIQUE ET TRADUCTION
61 Jérôme Kagan: COMPRENDRE L'ENFANT
62 Michael S. Gazzaniga: LE CERVEAU DEDOUBLE
63 Paul Cazayus: L'APHASIE
64 X. Seron, J.L. Lambert, M. Van der Linden: LA MODIFICATION DU COMPORTEMENT
65 W. Huber: INTRODUCTION A LA PSYCHOLOGIE DE LA PERSONNALITE, 2e éd.
66 Emile Meurice: PSYCHIATRIE ET VIE SOCIALE
67 J. Château, H. Gratiot-Alphandéry, R. Doron et P. Cazayus: LES GRANDES PSYCHOLOGIES MODERNES
68 P. Sifnéos: PSYCHOTHERAPIE BREVE ET CRISE EMOTIONNELLE
69 Marc Richelle: B.F. SKINNER OU LE PERIL BEHAVIORISTE
70 J.P. Bronckart: THEORIES DU LANGAGE
71 Anika Lemaire: JACQUES LACAN, 2e éd. revue et augmentée
72 J.L. Lambert: INTRODUCTION A L'ARRIERATION MENTALE
73 T.G.R. Bower: DEVELOPPEMENT PSYCHOLOGIQUE DE LA PREMIERE ENFANCE
74 J. Rondal: LANGAGE ET EDUCATION
75 Sheila Kitzinger: PREPARER A L'ACCOUCHEMENT
76 Ovide Fontaine: INTRODUCTION AUX THERAPIES COMPORTEMENTALES
77 Jacques-Philippe Leyens: PSYCHOLOGIE SOCIALE, 2e éd.
78 Jean Rondal: VOTRE ENFANT APPREND A PARLER
79 Michel Legrand: LE TEST DE SZONDI
80 H.J. Eysenck: LA NEVROSE ET VOUS
81 Albert Demaret: ETHOLOGIE ET PSYCHIATRIE
82 Jean-Luc Lambert et Jean A. Rondal: LE MONGOLISME
83 Albert Bandura: L'APPRENTISSAGE SOCIAL
84 Xavier Seron: APHASIE ET NEUROPSYCHOLOGIE
85 Roger Rondeau: LES GROUPES EN CRISE?
86 J. Danset-Léger: L'ENFANT ET LES IMAGES DE LA LITTERATURE ENFANTINE
87 Herbert S. Terrace: NIM, UN CHIMPANZE QUI A APPRIS LE LANGAGE GESTUEL
88 Roger Gilbert: BON POUR ENSEIGNER?
89 Wing, Cooper et Sartorius: GUIDE POUR UN EXAMEN PSYCHIATRIQUE
90 Jean Costermans: PSYCHOLOGIE DU LANGAGE
91 Françoise Macar: LE TEMPS, PERSPECTIVES PSYCHOPHYSIOLOGIQUES
92 Jacques Van Rillaer: LES ILLUSIONS DE LA PSYCHANALYSE, 2e éd.
93 Alain Lieury: LES PROCEDES MNEMOTECHNIQUES
94 Georges Thinès: PHENOMENOLOGIE ET SCIENCE DU COMPORTEMENT
95 Rudolph Schaffer: COMPORTEMENT MATERNEL
96 Daniel Stern: MERE ET ENFANT, LES PREMIERES RELATIONS
97 R. Kempe & C. Kempe: L'ENFANCE TORTUREE
98 Jean-Luc Lambert: ENSEIGNEMENT SPECIAL ET HANDICAP MENTAL
99 Jean Morval: INTRODUCTION A LA PSYCHOLOGIE DE L'ENVIRONNEMENT
100 Pierre Oleron et al.: SAVOIRS ET SAVOIR-FAIRE PSYCHOLOGIQUES CHEZ L'ENFANT
101 Bernard I. Murstein: STYLES DE VIE INTIME
102 Rondal/Lambert/Chipman: PSYCHOLINGUISTIQUE ET HANDICAP MENTAL
103 Brédart/Rondal: L'ANALYSE DU LANGAGE CHEZ L'ENFANT
104 David Malan: PSYCHODYNAMIQUE ET PSYCHOTHERAPIE INDIVIDUELLE
105 Philippe Muller: WAGNER PAR SES REVES
106 John Eccles: LE MYSTERE HUMAIN
107 Xavier Seron: REEDUQUER LE CERVEAU
108 Moreau/Richelle: L'ACQUISITION DU LANGAGE
109 Georges Nizard: ANALYSE TRANSACTIONNELLE ET SOIN INFIRMIER

110 Howard Gardner: GRIBOUILLAGES ET DESSINS D'ENFANTS, LEUR SIGNIFICATION
111 Wilson/Otto: LA FEMME MODERNE ET L'ALCOOL
112 Edwards: DESSINER GRACE AU CERVEAU DROIT
113 Rondal: L'INTERACTION ADULTE-ENFANT
114 Blancheteau: L'APPRENTISSAGE CHEZ L'ANIMAL
115 Boutin: FORMATION ET DEVELOPPEMENTS
116 Húsen: L'ECOLE EN QUESTION
117 Ferrero/Besse: L'ENFANT ET SES COMPLEXES
118 R. Bruyer: LE VISAGE ET L'EXPRESSION FACIALE
119 J.P. Leyens: SOMMES-NOUS TOUS DES PSYCHOLOGUES?
120 J. Château: L'INTELLIGENCE OU LES INTELLIGENCES?
121 M. Claes: L'EXPERIENCE ADOLESCENTE
122 J. Hayes et P. Nutman: COMPRENDRE LES CHOMEURS
123 S. Sturdivant: LES FEMMES ET LA PSYCHOTHERAPIE
124 A. Pomerleau et G. Malcuit: L'ENFANT ET SON ENVIRONNEMENT
125 A. Van Hout et X. Seron: L'APHASIE DE L'ENFANT
126 A. Vergote: RELIGION, FOI, INCROYANCE
127 Sivadon/Fernandez-Zoïla: TEMPS DE TRAVAIL, TEMPS DE VIVRE
128 Born: JEUNES DEVIANTS OU DELINQUANTS JUVENILES?
129 Hamers/Blanc: BILINGUALITE ET BILINGUISME
130 Legrand: PSYCHANALYSE, SCIENCE, SOCIETE
131 Le Camus: PRATIQUES PSYCHOMOTRICES
132 Lars Fredén: ASPECTS PSYCHOSOCIAUX DE LA DEPRESSION
133 Mount: LA FAMILLE SUBVERSIVE
134 Magerotte: MANUEL D'EDUCATION COMPORTEMENTALE CLINIQUE
135 Dailly/Moscato: LATERALISATION ET LATERALITE CHEZ L'ENFANT
136 Bonnet/Tamine-Gardes: QUAND L'ENFANT PARLE DU LANGAGE
137 Bruyer: LES SCIENCES HUMAINES ET LES DROITS DE L'HOMME
138 Taulelle: L'ENFANT A LA RENCONTRE DU LANGAGE
139 de Boucaud: PSYCHOLOGIE DE L'ENFANT ASTHMATIQUE
140 Duruz: NARCISSE EN QUETE DE SOI
141 Feyereisen/de Lannoy: PSYCHOLOGIE DU GESTE
142 Florin et al.: LE LANGAGE A L'ECOLE MATERNELLE
143 Debuyst: MODELE ETHOLOGIQUE ET CRIMINOLOGIE
144 Ashton/Stepney: FUMER
145 Winkel et al.: L'IMAGE DE LA FEMME DANS LES LIVRES SCOLAIRES
146 Bideaud/Richelle: PSYCHOLOGIE DEVELOPPEMENTALE
147 Schmid-Kitsikis: THEORIE CLINIQUE ET FONCTIONNEMENT MENTAL
148 Guggenbühl/Craig: POUVOIR ET RELATION D'AIDE
149 Rondal: LANGAGE ET COMMUNICATION CHEZ LES HANDICAPES MENTAUX
150 Moscato et al.: FONCTIONNEMENT COGNITIF ET INDIVIDUALITE
151 Château: L'HUMANISATION OU LES PREMIERS PAS DES VALEURS HUMAINES
152 Avery/Litwack: NEE TROP TOT
153 Rondal: LE DEVELOPPEMENT DU LANGAGE CHEZ L'ENFANT TRISOMIQUE 21
154 Kellens: QU'AS-TU FAIT DE TON FRERE?
155 Rondal/Henrot: LE LANGAGE DES SIGNES
156 Lafontaine: LE PARTI PRIS DES MOTS
157 Bonnet/Hoc/Tiberghien: AUTOMATIQUE, INTELLIGENCE ARTIFICIELLE ET PSYCHOLOGIE
158 Giovannini et al.: PSYCHOLOGIE ET SANTE
159 Wilmotte et al.: LE SUICIDE
160 Giurgea: L'HERITAGE DE PAVLOV
161 Ionescu: MANUEL D'INTERVENTION EN DEFICIENCE MENTALE N° 1
162 Ionescu: MANUEL D'INTERVENTION EN DEFICIENCE MENTALE N° 2

163 Pieraut-Le Bonniec: CONNAITRE ET LE DIRE
164 Huber: PSYCHOLOGIE CLINIQUE AUJOURD'HUI
165 Rondal et al.: PROBLEMES DE PSYCHOLINGUISTIQUE
166 Slukin: LE LIEN MATERNEL
167 Baudour: L'AMOUR CONDAMNE
168 Wilwerth: VISAGES DE LA LITTERATURE FEMININE
169 Edwards: VISION, DESSIN, CREATIVITE
170 Lutte: LIBERER L'ADOLESCENCE
171 Defays: L'ESPRIT EN FRICHE
172 Broome Walace: PSYCHOLOGIE ET PROBLEMES GYNECOLOGIQUES
173 Aimard: LES BEBES DE L'HUMOUR
174 Perruchet: LES AUTOMATISMES COGNITIFS
175 Bawin-Legros: FAMILLES, MARIAGE, DIVORCE
176 Pourtois/Desmet: EPISTEMOLOGIE ET INSTRUMENTATION EN SCIENCES HUMAINES
177 Sloboda: L'ESPRIT MUSICIEN
178 Fraisse: POUR LA PSYCHOLOGIE SCIENTIFIQUE
179 Ruffiot: PSYCHOLOGIE DU SIDA
180 McAdams/Deliège: LA MUSIQUE ET LES SCIENCES COGNITIVES
181 Argentin: QUAND FAIRE C'EST DIRE...
182 Van der Linden: LES TROUBLES DE LA MEMOIRE
183 Lecuyer: BEBES ASTRONOMES, BEBES PSYCHOLOGIQUES : L'INTELLIGENCE DE LA 1re ANNEE
184 Immelmann: DICTIONNAIRE DE L'ETHOLOGIE
185 Collectif: ACTEUR SOCIAL ET DELINQUANCE
186 Fontana: GERER LE STRESS
187 Bouchard: DE LA PHENOMENOLOGIE A LA PSYCHANALYSE
188 Chanceaulme: MOURIR, ULTIME TENDRESSE
189 Rivière: LA PSYCHOLOGIE DE VYGOTSKY

Hors collection

    Paisse: PSYCHOPEDAGOGIE DE LA LUCIDITE
    Paisse: ESSENCE DU PLATONISME
    Collectif: SYSTEME AMDP
    Boulangé/Lambert: LES AUTRES, L'EXPRESSION ARTISTIQUE CHEZ LES HANDICAPES MENTAUX

Manuels et Traités

  2 Thinès: PSYCHOLOGIE DES ANIMAUX
  3 Paulus: LA FONCTION SYMBOLIQUE ET LE LANGAGE
  4 Richelle: L'ACQUISITION DU LANGAGE
  5 Paulus: REFLEXES-EMOTIONS-INSTINCTS
    Droz-Richelle: MANUEL DE PSYCHOLOGIE
    Hurtig-Rondal: MANUEL DE PSYCHOLOGIE DE L'ENFANT (Tome 1)
    Hurtig-Rondal: MANUEL DE PSYCHOLOGIE DE L'ENFANT (Tome 2)
    Hurtig-Rondal: MANUEL DE PSYCHOLOGIE DE L'ENFANT (Tome 3)
    Rondal-Seron: LES TROUBLES DU LANGAGE (DIAGNOSTIC ET REEDUCATION)
    Fontaine/Cottraux/Ladouceur: CLINIQUES DE THERAPIE COMPORTEMENTALE
    Godefroid: LES CHEMINS DE LA PSYCHOLOGIE